EARLY CHILDHOOD EDUCATION & CARE

柴田卓・石森真由子 編

楽しく学ぶ
運動遊びの
すすめ

ポートフォリオを
活用した
保育実践力の探求

学籍番号 _____

名前 _____

執筆者一覧

● **編著者**

柴田　　卓（郡山女子大学短期大学部）……ガイダンス、ポートフォリオ、グループワーク・ロールプレイシート、Lesson 6-1・2・3、Lesson 7-4・5

石森真由子（東北福祉大学）………………………………ガイダンス、Lesson 6-4、Lesson 7-6

● **執筆者**（五十音順）

宇佐美かおる（こども教育宝仙大学）………………………………………………Lesson 2-1・2

岡田　麻紀（福島学院大学短期大学部）………………………………………………Lesson 7-7・8

小野　俊介（株式会社キッツアンドスマートエコライフ）………………………Lesson 3-1・4・5

篠原　俊明（共栄大学）………………………………………………………………………Lesson 1

柴田千賀子（仙台大学）………………………………グループワーク・ロールプレイシート②

中津　範洋（東北福祉大学非常勤講師）……………………………………………Lesson 3-2・3

中原（権藤）雄一（福岡県立大学）…グループワーク・ロールプレイシート⑦、Lesson 7-1・2・3

中山　貴太（小田原短期大学）…………………………………………………………Lesson 2-3

橋浦　孝明（東北生活文化大学短期大学部）……………………………………………Lesson 4

藤本　　要（福島学院大学短期大学部）…………………………………………………Lesson 5

　　　装丁　creun 加藤雅尚

　　　遊びイラスト　藤井美智子

はじめに

　「運動は好きだけど、運動遊びを実習でやりたいとは思わない」、実習を終えた学生との何気ない会話に耳を疑いました。どうやら、運動遊びは楽しいけれど保育現場で実施するのは難しいとのことで、少なからず運動遊びを熱心に指導してきた者にとって心に残る一言でした。これから保育者を目指す学生にとって、運動遊びを経験的に知っていることと、子どもを前にして運動遊びを展開することの間には大きな壁が存在するようです。たとえ授業で楽しく実施したり、子どもの頃に経験していた遊びであったとしても、大勢の子どもを前に導入・展開してまとめることは容易なことではありません。

　運動遊びは対象が乳幼児であることから、学校で行われる教科としての「体育」とは異なり、その多くは「遊び」として位置づけられます。つまり、遊びである以上はやらされて行うものではなく、意欲的かつ積極的に子どもが自ら運動に取り組まなければなりません。そのためには、「子どもを集中させる方法」、「モチベーションを高める工夫や言葉がけ」、「視覚的にわかりやすい説明」、「次につながる終わり方」など、注意深く観察しなければ気づくことのできない意図や繊細な技術がたくさんあります。さらに、その日の子ども達の様子に応じて瞬時に判断しながら進めていかなければなりません。まさに実践力という大きな壁に直面するのです。しかし、子どもを取り巻く環境やその現状を鑑みると、乳幼児期の運動は不可欠であるどころか、ますますその必要性を感じざるを得ません。同様に、子どもと一緒に運動を楽しめる保育者の存在もいっそう求められています。

　このような背景から、本書は運動遊びにおける実践力の修得を目指し、「書き込み型のワークブック」として構成しました。いくら体育館で実践につながる学習を経験しても、重要なプロセスやポイントを「記録」に残されなければ過去の記憶として消え去ってしまうことが多いのではないでしょうか。この本では、授業や研修で学習したことをさまざまな視点から振り返り、広く深く探求しながら「ポートフォリオ」（自己作品集）として毎回記録していきます。半期あるいは1年間、このポートフォリオと向き合うことで実践力が培われるとともに、将来の現場で役に立つ**「世界に1つだけの運動遊びブック」**が完成します。

　振り返りを充実させるために、経験豊富な先生方に最新の情報や現場で培った秘伝の技を「運動遊びのヒント集」として7章にわたり簡潔に執筆していただきました。ぜひ参考にしてください。そのほかにも、グループで学習できるワークシートやケーススタディ集も掲載し、運動遊びを探求することが楽しくなるよう編集しています。ポートフォリオがすべて完成する頃には、運動遊びの奥深さとおもしろさを理解し、保育者として成長していることを実感するでしょう。

　最後になりますが、本書の上梓にあたり、企画の段階からお世話になったみらいの米山拓矢氏をはじめ、関係の方々に厚く御礼を申し上げます。

2016年12月

編者　柴田卓

もくじ

はじめに
目次
本書の使い方

Ⅰ．ガイダンス

① ポートフォリオの説明とサンプル　8
② シラバス記入欄　10
③ はじめのミニLesson「運動遊びの基本」　12

Ⅱ．ポートフォリオ（30回分）

（16～75）

Ⅲ．グループワーク・ロールプレイシート

① 【指導案】…計画を立ててみましょう　78
② 【ワンポイントLesson】…実習先で運動遊びを楽しく展開するために　80
③ 【運動会種目表】…運動会種目を考えてみましょう　82
④ 【リズム体操】…オリジナルダンスを考えてみましょう　83
⑤ 【親子体操】…おもしろいと思った親子の遊びを記録しましょう　84
⑥ 【ケーススタディ集】…話し合ってみましょう　85
⑦ 【ルーブリック】…自己診断を行いましょう　86

Ⅳ．運動遊びのヒント集

Lesson 1　運動遊びの意義を考える　88
1．子どもの生活習慣　88
2．子どもを取り巻く環境　88
3．子どもの運動と体力の傾向　90
4．運動遊びの「意義」　92

Lesson 2　子どもの発達と運動を考える　94
1．発育・発達と運動　94
2．動きの発達・習得・洗練・多様化　95
3．心の発達と社会性の発達　97

Lesson 3　動きの種類と運動遊び　100
1．運動遊びのおもしろさ　100
2．グループ遊びと伝承遊びの特徴とねらい　102
3．年齢に応じた運動遊び　104
4．運動遊びの環境作り　106
5．運動遊びで人気の道具・使えるアイテム　107

Lesson 4　楽しく遊ぶための技とコツ　110
1．運動遊びを楽しむために　110
2．動きを伝えるおもしろさと難しさ　112
3．運動遊びの雰囲気作り　113

Lesson 5　運動遊びとリスクマネジメント　116
1．自分の身体は自分で守る賢さを育てよう　116
2．リスクを分析してみよう　119

Lesson 6　保育への導入・展開・応用の探求　122
1．運動遊びの「ねらい」　122
2．導入のコツと一工夫　123
3．展開・まとめの探求　124
4．振り返りの視点とポイント　125

Lesson 7　運動遊びアラカルト　126
1．運動と学力のよい関係　126
2．たくさん歩こう　127
3．子どもの運動を習慣にするために　128
4．北欧諸国の事例紹介①　－フィンランドの運動遊び－　129
5．北欧諸国の事例紹介②　－デンマークとスウェーデンの自然保育－　130
6．保幼小連携と運動遊び　131
7．私の保育体験談①　保育者の「願い」と子どもの「思い」のあいだ　132
8．私の保育体験談②　"なにもない"ということの意味　133

あとがき

本書の使い方

　本書は、授業や研修会で学習した内容を振り返りながら記入する「ポートフォリオ」を掲載した書き込み型のワークブックです。下記に本書の活用方法を簡単に解説します。毎回実施した内容を振り返ることで、楽しみながら運動遊びを広く深く探求しましょう。

1. 学習したことや実施した内容を振り返りながらポートフォリオに記入しましょう。

注目！

- ポートフォリオは9項目で構成されています。8ページと9ページにサンプルと記入する際のポイントを掲載しています。参考にしてください。
- 記入に必要な時間は30分を想定していますが、慣れるまでには時間がかかります。保育者としての成長を信じ、その日（少なくても3日以内）に記入する習慣を身につけましょう。
- ポートフォリオの項目欄は、あくまで考える「視点」です。記入したいことや疑問点などがある場合は、その内容を優先しても構いません。柔軟に活用してください。
- 6番の「何でだろう？疑問など」に記入した内容は、次回の授業等で質問するなど、納得するまで学びを深めましょう。
- 怠慢によって他人の内容をコピーしたり、振り返りをまとめて実施したりすると、たちまち得体のしれない不信だらけのテキストが完成します。くれぐれも注意してください。

2. 「グループワーク・ロールプレイシート」には、指導案やリズム体操の振り付けを記入するシート等があります。グループで学習したり、ケーススタディ集を活用しながら運動遊びを探求し、実践力を養いましょう。

3. 学習や振り返りを深く掘り下げる視点として、「運動遊びのヒント集」（P.88～134）の解説を参考にしましょう。

4. 子どもや保育者の視点で振り返る習慣を身につけ、ポートフォリオを積み重ねることで実践力を高めながら、世界に1つだけの運動遊びブックを完成させましょう。

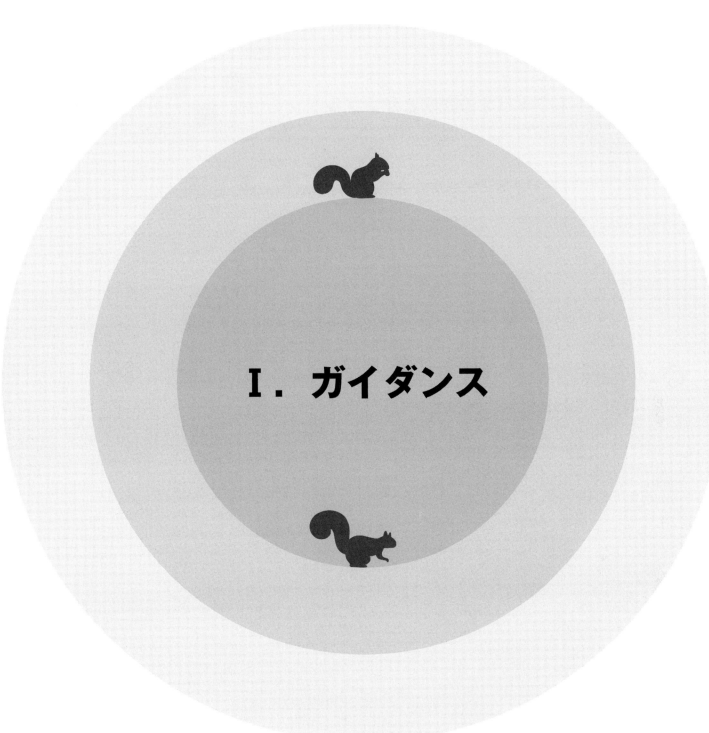

I. ガイダンス

①ポートフォリオの説明とサンプル
②シラバス記入欄
③はじめのミニ Lesson「運動遊びの基本」

①ポートフォリオの説明とサンプル

☆日付　9月　25日　　天候　雨　　場所　第一体育館

\スタート！/

1. 本日の内容
-
- ストレッチ
- 組体操
- バルーン
-
-
-

2. 本日の感想
私自身、幼稚園や小学校ではなかなか機会に恵まれず、昔から組体操に強い憧れを抱いていました。今日は初めての体験で大変緊張しましたが、友人と協力し合いながら楽しく活動する事が出来ました。実習が始まる為、来週と再来週は授業に参加できず大変残念ですが、将来保育者になったら是非今回の学びを生かし子ども達とやりたいです。

① 授業や研修で学習した項目を記入しましょう。

② 本日の内容に関する率直な感想を記入しましょう。

3. 本日の遊びを視覚的（図や絵）に記録しよう！

向かい合う → 体育座り → 手をつないで → 足を上げる

組体操は運動会の中でも怪我の多いスポーツ

しかし正しく指導する事によって楽しいスポーツになる!!

一人はうしろ　スタンバイ

腕を伸ばしていれば自分より重い人が乗ってもある程度は支えられる。

行事で組体操を取り入れるのであればその行事のイメージの振付をつけてもよい。

e.x.海のイメージならば…

カメ　前を向く

始めはうつぶせ　足を持つ　持ち上げる

肩にのせて両手を広げる

降ろす際は優しく降ろすように誤かけ

途中半端な体勢やおふざけによって危険につながる場合もある

手をつなぐ　足を伸ばす

手と足をつく

4. ルール解説・指導方法・遊びの面白さ

☆組体操
〜2人組〜

① ヨット：お互いが向かい合い、座って手をつなぐ。そして足を合わせて高く上げる。しっかり足を合わせ伸ばす事がコツ。

② 二段ベッド：一人が手とひざをつき、もう一人が上に同じくひざと手をついてのぼる。ためらっていると周りの迷惑になってしまうので、素早くのぼる。

③ すべり台：若干難易度が高くなる。一人がうつぶせになり、もう一人が足を持ち上げてすべり台の形を作る。うつぶせの人は腕の力、持ち上げる人は肩の力を使う。

今回授業で取り上げられなかった体操

- バランス…横向きに並び、内側の足をお互いの方向に出す。その足を外側の手でつかみ、内側の手を合わせる。
- 三角形…お互いは頭合わせに寝て、足を上にあげ裏を合わせる。三角形の形になったら完成。※本当は足合わせる

〜3人組〜

① 扇：3人で手をつないで足をそろえて広がる。足が曲がると綺麗に見えないのでしっかりと足を張る。お尻を下げないように注意する。

② 東京タワー：2人は下で手をついて支える。1人が2人の上にのぼり、立って手を合わせる。

③ 子どもの動きを想像しながら隊列、動線などを図やイラストで表現してみましょう。
言葉かけやワンポイントを記入しても良いでしょう。
内容が複数の場合は、線を引くなどバランスよく表現しましょう。
見直した際に遊びを思い出せるかがポイントです。

4.
番号やタイトル、アンダーライン等を活用しながら、限られたスペースにルール・解説・おもしろさ・ポイント等を整理しましょう。限られたスペースにルールや解説をまとめるのは、非常に困難ですが、文章を短く整理する力、要点をまとめる力は、実習あるいは保育現場で必ず役に立ちます。記入したいことに対して、バランスを考えてまとめましょう。

次のページへ！

③ 本日の遊びを視覚的（図や絵）に記録しよう！

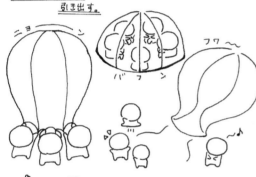

2人は四つんばい → スタンバイ → のぼる
手を高く上げ合わせる
上に立ちたい人！と立つ　言葉かけすると全員が手を挙げて喧嘩になってしまう。そこで力持ちを2人選んで！と言葉かけする事によって土台の人に自分の役割が重要であるかを気付かせて、全員のモチベーションを上げる。
保育者の言葉が子ども達のやる気を引き出す。
ニョーン　バルーン　フワ～
わーい
イベントの風船台をイメージして飛びついてしまう子どももいるので使用時は注意喚起と共に子どもを準備中から見守る。

④ ルール解説・指導方法・遊びの面白さ
今回授業で取り上げられなかった体操
○砂丘…真ん中の人は座って手をつく。両端2人は立ったまま内側に腰を曲げ真ん中の背中に手をつく。
○アーチ…1人の人を2人で持ち上げる。持ち上げられる人は体を一本の軸のように張り前の人の肩を持つ。後ろの人は足を持つ。
授業で行ったものを最後に一通り通す。

❀バルーン
幼稚園の運動会で行われる人気の種目。10人グループを3つ作り様々な技に挑戦した。
① 風船：一気にバルーンを持ち上げる事によって中に空気を入れ、一斉に全員で円の中央へ走る。するとバルーンが膨らみ風船のように見える。
② おまんじゅう：一斉に風船同様持ち上げ、円の中央へ行く。空気の入った状態でバルーンの中へ入りすぐに座ると、外から見ておまんじゅうのように見える。
③ 山：バルーンを持ち上げ、膨らませた後に一気にしゃがむ。
④ 飛行機：バルーンを片手で持ち、両手を伸ばして回る。バルーンはしっかり張る。

⑤ 安全面についての学びと気づき
NEWS「見栄えよりも安全性」現在、ピラミッドの高層化が問題となっており、長久手市内の小学校では7段で実施していた。しかし実際10段の場合、高さが7m、土台の最大負荷は一人あたり3.9人分に達する危険性を伴っている事から市の教育委員会は3月の定例会で協議を行い、ピラミッドを4段までにする方針とした。

⑥ 何でだろう？疑問点など
⇒ なぜピラミッドの事故は増え続けているのか。
その他の疑問
・組体操をする上で、危険だからやらせたくないという親もいると思うが、そういった人達に対してはどう言葉かけをして納得させればよいのか

⑦ 本日の気づきと学び（年齢・応用・導入・展開などさまざまな視点からふりかえる）
NEWSに対して、私は現代の子ども達の運動不足と生活の乱れによる肥満が事故につながっているのではないかと考える。室内遊びが多くなった子ども達の筋肉は年々低下の一途をたどっている。さらに食べすぎによる肥満児が増えてしまった事により重く支えにくい子どもが増え、事故が増加しているのではないか。運動活動は勿論、日常の指導も変えていかなければ、4段でも危険だと感じる。健康な体作りは保育をする中でも重要な位置にあると思う。廃止の声も多いが、私は日頃から適度な運動をし、組体操の危険性を子ども達に理解してもらえれば、きっと楽しい競技になると思う。

⑧ 今日の授業意欲　1・2・3・④・5　　⑨ ノートの満足度　1・2・3・4・⑤

\ゴール！/

アドバイス
空いているスペースを利用して、自身で調べた内容を書き込んでもOKです。

アドバイス
声かけのポイントを図の下に記入すると、後で見直した時に、思い出しやすいですよ。

⑤ 実施した内容のなかで、リスクとなり得る要因を記入したり、過去の事故例や判例等を調べてみましょう。

⑥ 自身で疑問や課題を抽出したり設定して学びを深めたり、次の授業で問題提起するなど、批判的な視点や想像力を働かせて記入してみましょう。

7.へGO

⑦ 本日の学習で気づいたこと、学習したことなどを総合的に振り返ってまとめましょう。
対象年齢に応じて課題やルールを検討したり、違った道具で応用できることはないかなどを具体的に記入してみましょう。
子どもの目線や保育者の目線で、実施する際の留意点等を考えて書いてみましょう。

⑧ 本日の自身の態度や意欲を率直に5段階で評価してみましょう。

⑨ 記入したポートフォリオに対する満足度・達成度を5段階で評価してみましょう。

②シラバス記入欄

授業のシラバスを記入して、これから学ぶ内容の全体像を把握しましょう。
(※プリント等を貼付しても構いません)

授業名	
授業概要	
到達目標	
評価方法	
留意点等	
参考	

回	授業内容	授業概要
第1回		
第2回		
第3回		
第4回		
第5回		
第6回		
第7回		
第8回		
第9回		
第10回		

回	授業内容	授業概要
第11回		
第12回		
第13回		
第14回		
第15回		
第16回		
第17回		
第18回		
第19回		
第20回		
第21回		
第22回		
第23回		
第24回		
第25回		
第26回		
第27回		
第28回		
第29回		
第30回	授業内容	授業概要

③はじめのミニLesson「運動遊びの基本」

1．育ってほしい姿を意識しよう

　遊びを中心とした生活を通じて、生涯にわたる人格形成の基礎を培うことが幼児期の教育の基本です。こうした基本や5領域（「健康」「人間関係」「環境」「言葉」「表現」）をふまえつつ、新しい幼稚園教育要領や保育所保育指針には、「幼児期の終わりまでに育ってほしい姿」が10項目示されています。その筆頭に掲げられているのが「①健康な心と体」です。運動遊びを通して子どもの「生きる力」を育むことに期待が寄せられています。

2．「幼児期運動指針」を参考にしよう

　2012（平成24）年に文部科学省は「幼児期運動指針」を策定しました。運動習慣の基礎作りを通して幼児期に必要な多様な動きの獲得や体力・運動能力の基礎を培うこと、さまざまな活動への意欲や社会性、創造性を育むことを目的としています。就学前の子どもたちは特に神経機能の発達が著しい時期であることから、体を存分に動かして主体的に遊ぶ機会を保障し、発達や学びの連続性を確保することが期待されます。

3．幼児期の運動の意義を知ろう

　「幼児期運動指針」によると、幼児期運動の意義は、5つの項目で構成されています。

認知的能力の発達
体の諸部位を使う運動遊びでは、身のこなしや状況判断・思考判断をする必要があり、多様な動きを体験することで育まれると考えます。子ども自身が新しい遊び方やルールを作り出す豊かな創造性を育む機会にもなるでしょう。

体力・運動能力の向上
健康の維持や意欲、そしてタイミングや力の加減といった運動調整能力をはじめ、状況の判断やけがや事故を防止する力、活動し続ける力（持久力）を高めておくことを含んでいます。

健康的な体の育成
運動習慣を身につけることで、生涯にわたる健康的で活動的な生活習慣の形成にも役立つ可能性があると言われています。

社会適応力の発達
多くの友達と遊ぶなかでルールを守り、自己を抑制したり、コミュニケーションを取り合いながら協調性を養うことができるとされています。

意欲的な心の育成
思い切り伸び伸びと動くことが健やかな心の育ちも促す効果があるとされ、遊びから得られる成功体験によって育まれる意欲や有能感は、意欲的な態度につながります。

4．運動遊びの3つのポイントを押さえておこう

　遊びを中心とする身体活動は、生涯にわたって心身ともに健康的に生きるための基盤ともなります。「幼児期運動指針」にある乳幼児期の運動遊びのポイントをしっかり理解しておきましょう。

1）多様な動きが経験できるように様々な遊びを取り入れること
- 普段の生活で必要な動き
- とっさの時に身を守る動き
- 将来的にスポーツに結び付く動き

2）楽しく体を動かす時間を確保すること
- 園をはじめ家庭、地域での活動も含めた一日の生活全体の身体活動（移動やお手伝いなど）を合わせて、毎日、合計60分以上
- 多様な動きの獲得のためには、質も大事だが量（時間）的な保障も大切

3）発達の特性に応じた遊びを提供すること
- 個人差が大きいので、一人一人の発達に応じた援助をする
- 自発的に体を動かしたくなる環境の構成を工夫
- 有能感や安全能力も育てる

5．子ども一人一人の違いを受け止めながら取り組もう

　上に挙げたポイントにもあるように、子ども一人一人の家庭環境や生活経験も異なるため、それまでの本人なりの知識や経験からイメージできること、意欲や態度、感じ方や気づきも個性が出てきます。特に運動遊びでは、その「見方」や「考え方」の違いを受け止めながら取り組むことが重要です。それぞれの発達や心もちを理解しながら、ときに試行錯誤しながら運動遊びを通して心動かされる体験を積み重ね、有能感や自己肯定感を育んでいきましょう。

【参考文献】
中央教育審議会教育課程部会幼児教育部会　2016年
　http://www.mext.go.jp/b_menu/shingi/chukyo/chukyo3/057/index.htm
文部科学省「幼児期運動指針」2012年
　http://www.mext.go.jp/a_menu/sports/undousisin/1319771.htm

II. ポートフォリオ

ポートフォリオ1

☆日付　　　月　　　日　　　　天候　　　　　場所

1．本日の内容	2．本日の感想
・ ・ ・ ・ ・ ・	
3．本日の遊びを視覚的（図や絵）に記録しよう！	4．ルール解説・指導方法・遊びのおもしろさ

3．本日の遊びを視覚的（図や絵）に記録しよう！	4．ルール解説・指導方法・遊びのおもしろさ

5．安全面についての学びと気づき	6．何でだろう？疑問点など

7．本日の気づきと学び（年齢・応用・導入・展開などさまざまな視点から振り返る）

8．今日の授業意欲　　　1・2・3・4・5	9．ノートの満足度　　1・2・3・4・5

Ⅱ．ポートフォリオ

ポートフォリオ2

☆日付　　　　月　　　　日　　　　天候　　　　　　場所

1．本日の内容	2．本日の感想
・ ・ ・ ・ ・ ・	
3．本日の遊びを視覚的（図や絵）に記録しよう！	4．ルール解説・指導方法・遊びのおもしろさ

3．本日の遊びを視覚的（図や絵）に記録しよう！	4．ルール解説・指導方法・遊びのおもしろさ

5．安全面についての学びと気づき	6．何でだろう？疑問点など

7．本日の気づきと学び（年齢・応用・導入・展開などさまざまな視点から振り返る）	

8．今日の授業意欲　　1・2・3・4・5	9．ノートの満足度　　1・2・3・4・5

ポートフォリオ3

☆日付　　　　月　　　　日　　　　天候　　　　　　場所

1．本日の内容	2．本日の感想
・ ・ ・ ・ ・ ・	
3．本日の遊びを視覚的(図や絵)に記録しよう！	4．ルール解説・指導方法・遊びのおもしろさ

3．本日の遊びを視覚的(図や絵)に記録しよう！	4．ルール解説・指導方法・遊びのおもしろさ

5．安全面についての学びと気づき	6．何でだろう？疑問点など

7．本日の気づきと学び（年齢・応用・導入・展開などさまざまな視点から振り返る）

8．今日の授業意欲　　1・2・3・4・5	9．ノートの満足度　　1・2・3・4・5

ポートフォリオ 4

☆日付　　　　月　　　　日　　　　天候　　　　　　場所

1．本日の内容	2．本日の感想
・ ・ ・ ・ ・ ・ ・	
3．本日の遊びを視覚的(図や絵)に記録しよう！	4．ルール解説・指導方法・遊びのおもしろさ

3．本日の遊びを視覚的（図や絵）に記録しよう！	4．ルール解説・指導方法・遊びのおもしろさ

5．安全面についての学びと気づき	6．何でだろう？疑問点など

7．本日の気づきと学び（年齢・応用・導入・展開などさまざまな視点から振り返る）

8．今日の授業意欲　　1・2・3・4・5	9．ノートの満足度　1・2・3・4・5

ポートフォリオ5

☆日付　　　　月　　　　日　　　　天候　　　　　　　場所

1．本日の内容	2．本日の感想
・ ・ ・ ・ ・ ・ ・	
3．本日の遊びを視覚的(図や絵)に記録しよう！	4．ルール解説・指導方法・遊びのおもしろさ

3．本日の遊びを視覚的（図や絵）に記録しよう！	4．ルール解説・指導方法・遊びのおもしろさ

5．安全面についての学びと気づき	6．何でだろう？疑問点など

7．本日の気づきと学び（年齢・応用・導入・展開などさまざまな視点から振り返る）

8．今日の授業意欲　　1・2・3・4・5	9．ノートの満足度　1・2・3・4・5

Ⅱ．ポートフォリオ

ポートフォリオ6

☆日付　　　　月　　　　日　　　　天候　　　　　　　場所

1．本日の内容	2．本日の感想
・ ・ ・ ・ ・ ・ ・	
3．本日の遊びを視覚的(図や絵)に記録しよう！	4．ルール解説・指導方法・遊びのおもしろさ

3．本日の遊びを視覚的（図や絵）に記録しよう！	4．ルール解説・指導方法・遊びのおもしろさ

5．安全面についての学びと気づき	6．何でだろう？疑問点など

7．本日の気づきと学び（年齢・応用・導入・展開などさまざまな視点から振り返る）

8．今日の授業意欲　　1・2・3・4・5	9．ノートの満足度　　1・2・3・4・5

ポートフォリオ7

☆日付　　　月　　　日　　　天候　　　　　場所

1．本日の内容	2．本日の感想
・ ・ ・ ・ ・ ・ ・	
3．本日の遊びを視覚的(図や絵)に記録しよう！	4．ルール解説・指導方法・遊びのおもしろさ

3．本日の遊びを視覚的（図や絵）に記録しよう！	4．ルール解説・指導方法・遊びのおもしろさ

5．安全面についての学びと気づき	6．何でだろう？疑問点など

7．本日の気づきと学び（年齢・応用・導入・展開などさまざまな視点から振り返る）

8．今日の授業意欲　　1・2・3・4・5	9．ノートの満足度　1・2・3・4・5

Ⅱ．ポートフォリオ

ポートフォリオ 8

☆日付　　　　月　　　　日　　　　天候　　　　　　　場所

1．本日の内容	2．本日の感想
・ ・ ・ ・ ・ ・ ・	
3．本日の遊びを視覚的(図や絵)に記録しよう！	4．ルール解説・指導方法・遊びのおもしろさ

3．本日の遊びを視覚的（図や絵）に記録しよう！	4．ルール解説・指導方法・遊びのおもしろさ

5．安全面についての学びと気づき	6．何でだろう？疑問点など

7．本日の気づきと学び（年齢・応用・導入・展開などさまざまな視点から振り返る）

8．今日の授業意欲　　1・2・3・4・5	9．ノートの満足度　　1・2・3・4・5

ポートフォリオ 9

☆日付　　　　月　　　　日　　　　天候　　　　　　場所

1．本日の内容	2．本日の感想
・ ・ ・ ・ ・ ・	
3．本日の遊びを視覚的（図や絵）に記録しよう！	4．ルール解説・指導方法・遊びのおもしろさ

3．本日の遊びを視覚的（図や絵）に記録しよう！	4．ルール解説・指導方法・遊びのおもしろさ

5．安全面についての学びと気づき	6．何でだろう？疑問点など

7．本日の気づきと学び（年齢・応用・導入・展開などさまざまな視点から振り返る）

8．今日の授業意欲　　1・2・3・4・5	9．ノートの満足度　　1・2・3・4・5

Ⅱ．ポートフォリオ

ポートフォリオ10

☆日付　　　　月　　　　日　　　　天候　　　　　　　場所

1．本日の内容	2．本日の感想
・ ・ ・ ・ ・ ・	
3．本日の遊びを視覚的(図や絵)に記録しよう！	4．ルール解説・指導方法・遊びのおもしろさ

3．本日の遊びを視覚的（図や絵）に記録しよう！	4．ルール解説・指導方法・遊びのおもしろさ

5．安全面についての学びと気づき	6．何でだろう？疑問点など

7．本日の気づきと学び（年齢・応用・導入・展開などさまざまな視点から振り返る）

8．今日の授業意欲　　1・2・3・4・5	9．ノートの満足度　1・2・3・4・5

Ⅱ．ポートフォリオ

ポートフォリオ11

☆日付　　　月　　　日　　　天候　　　　　場所

1．本日の内容	2．本日の感想
・ ・ ・ ・ ・ ・ ・	
3．本日の遊びを視覚的(図や絵)に記録しよう！	4．ルール解説・指導方法・遊びのおもしろさ

3．本日の遊びを視覚的（図や絵）に記録しよう！	4．ルール解説・指導方法・遊びのおもしろさ

5．安全面についての学びと気づき	6．何でだろう？疑問点など

7．本日の気づきと学び（年齢・応用・導入・展開などさまざまな視点から振り返る）

8．今日の授業意欲　　1・2・3・4・5	9．ノートの満足度　　1・2・3・4・5

Ⅱ．ポートフォリオ

ポートフォリオ12

☆日付　　　月　　　日　　　　天候　　　　　場所

1．本日の内容	2．本日の感想
・ ・ ・ ・ ・ ・ ・	
3．本日の遊びを視覚的（図や絵）に記録しよう！	4．ルール解説・指導方法・遊びのおもしろさ

3．本日の遊びを視覚的（図や絵）に記録しよう！	4．ルール解説・指導方法・遊びのおもしろさ

5．安全面についての学びと気づき	6．何でだろう？疑問点など

7．本日の気づきと学び（年齢・応用・導入・展開などさまざまな視点から振り返る）

8．今日の授業意欲　　1・2・3・4・5	9．ノートの満足度　　1・2・3・4・5

Ⅱ．ポートフォリオ

| ポートフォリオ13 |

☆日付　　　月　　　日　　　天候　　　　場所

1．本日の内容	2．本日の感想
・ ・ ・ ・ ・ ・ ・	
3．本日の遊びを視覚的(図や絵)に記録しよう！	4．ルール解説・指導方法・遊びのおもしろさ

3．本日の遊びを視覚的（図や絵）に記録しよう！	4．ルール解説・指導方法・遊びのおもしろさ

5．安全面についての学びと気づき	6．何でだろう？疑問点など

7．本日の気づきと学び（年齢・応用・導入・展開などさまざまな視点から振り返る）

8．今日の授業意欲　　1・2・3・4・5	9．ノートの満足度　1・2・3・4・5

Ⅱ．ポートフォリオ

ポートフォリオ14

☆日付　　　　月　　　　日　　　　天候　　　　　　　場所

1．本日の内容	2．本日の感想
・ ・ ・ ・ ・ ・ ・	
3．本日の遊びを視覚的(図や絵)に記録しよう！	4．ルール解説・指導方法・遊びのおもしろさ

3．本日の遊びを視覚的(図や絵)に記録しよう！	4．ルール解説・指導方法・遊びのおもしろさ

5．安全面についての学びと気づき	6．何でだろう？疑問点など

7．本日の気づきと学び（年齢・応用・導入・展開などさまざまな視点から振り返る）

8．今日の授業意欲　　1・2・3・4・5	9．ノートの満足度　1・2・3・4・5

Ⅱ．ポートフォリオ

ポートフォリオ15

☆日付　　　　月　　　　日　　　　　天候　　　　　　　場所

1．本日の内容	2．本日の感想
・ ・ ・ ・ ・ ・ ・	
3．本日の遊びを視覚的(図や絵)に記録しよう！	4．ルール解説・指導方法・遊びのおもしろさ

3．本日の遊びを視覚的(図や絵)に記録しよう！	4．ルール解説・指導方法・遊びのおもしろさ

5．安全面についての学びと気づき	6．何でだろう？疑問点など

7．本日の気づきと学び（年齢・応用・導入・展開などさまざまな視点から振り返る）

8．今日の授業意欲　　1・2・3・4・5	9．ノートの満足度　　1・2・3・4・5

ポートフォリオ16

☆日付　　　　月　　　　日　　　　天候　　　　　　　場所

1．本日の内容	2．本日の感想
・ ・ ・ ・ ・ ・ ・	
3．本日の遊びを視覚的(図や絵)に記録しよう！	4．ルール解説・指導方法・遊びのおもしろさ

3．本日の遊びを視覚的(図や絵)に記録しよう！	4．ルール解説・指導方法・遊びのおもしろさ

5．安全面についての学びと気づき	6．何でだろう？疑問点など

7．本日の気づきと学び（年齢・応用・導入・展開などさまざまな視点から振り返る）

8．今日の授業意欲　　1・2・3・4・5	9．ノートの満足度　1・2・3・4・5

ポートフォリオ17

☆日付　　　月　　　日　　　天候　　　　　場所

1．本日の内容	2．本日の感想
・ ・ ・ ・ ・ ・ ・	
3．本日の遊びを視覚的(図や絵)に記録しよう！	4．ルール解説・指導方法・遊びのおもしろさ

3．本日の遊びを視覚的（図や絵）に記録しよう！	4．ルール解説・指導方法・遊びのおもしろさ

5．安全面についての学びと気づき	6．何でだろう？疑問点など

7．本日の気づきと学び（年齢・応用・導入・展開などさまざまな視点から振り返る）

8．今日の授業意欲　　　1・2・3・4・5	9．ノートの満足度　　1・2・3・4・5

ポートフォリオ18

☆日付　　　月　　　日　　　天候　　　　場所

1．本日の内容	2．本日の感想
・ ・ ・ ・ ・ ・ ・	
3．本日の遊びを視覚的（図や絵）に記録しよう！	4．ルール解説・指導方法・遊びのおもしろさ

3．本日の遊びを視覚的(図や絵)に記録しよう！	4．ルール解説・指導方法・遊びのおもしろさ

5．安全面についての学びと気づき	6．何でだろう？疑問点など

7．本日の気づきと学び（年齢・応用・導入・展開などさまざまな視点から振り返る）

8．今日の授業意欲　　1・2・3・4・5	9．ノートの満足度　1・2・3・4・5

ポートフォリオ19

☆日付　　　月　　　日　　　天候　　　　　場所

1．本日の内容	2．本日の感想
・ ・ ・ ・ ・ ・ ・	
3．本日の遊びを視覚的(図や絵)に記録しよう！	4．ルール解説・指導方法・遊びのおもしろさ

3．本日の遊びを視覚的(図や絵)に記録しよう！	4．ルール解説・指導方法・遊びのおもしろさ

5．安全面についての学びと気づき	6．何でだろう？疑問点など

7．本日の気づきと学び（年齢・応用・導入・展開などさまざまな視点から振り返る）

8．今日の授業意欲　　1・2・3・4・5	9．ノートの満足度　1・2・3・4・5

Ⅱ．ポートフォリオ

ポートフォリオ20

☆日付　　　月　　　日　　　天候　　　　場所

1．本日の内容	2．本日の感想
・ ・ ・ ・ ・ ・	
3．本日の遊びを視覚的（図や絵）に記録しよう！	4．ルール解説・指導方法・遊びのおもしろさ

3．本日の遊びを視覚的(図や絵)に記録しよう！	4．ルール解説・指導方法・遊びのおもしろさ

5．安全面についての学びと気づき	6．何でだろう？疑問点など

7．本日の気づきと学び（年齢・応用・導入・展開などさまざまな視点から振り返る）

8．今日の授業意欲　　1・2・3・4・5	9．ノートの満足度　　1・2・3・4・5

| ポートフォリオ21 |

☆日付　　　月　　　日　　　天候　　　　場所

1．本日の内容	2．本日の感想
・ ・ ・ ・ ・ ・	
3．本日の遊びを視覚的(図や絵)に記録しよう！	4．ルール解説・指導方法・遊びのおもしろさ

3．本日の遊びを視覚的（図や絵）に記録しよう！	4．ルール解説・指導方法・遊びのおもしろさ

5．安全面についての学びと気づき	6．何でだろう？疑問点など

7．本日の気づきと学び（年齢・応用・導入・展開などさまざまな視点から振り返る）	

8．今日の授業意欲　　1・2・3・4・5	9．ノートの満足度　1・2・3・4・5

Ⅱ．ポートフォリオ

ポートフォリオ22

☆日付　　　　月　　　　日　　　　天候　　　　　　場所

1．本日の内容	2．本日の感想
・ ・ ・ ・ ・ ・	
3．本日の遊びを視覚的(図や絵)に記録しよう！	4．ルール解説・指導方法・遊びのおもしろさ

3．本日の遊びを視覚的(図や絵)に記録しよう！	4．ルール解説・指導方法・遊びのおもしろさ

5．安全面についての学びと気づき	6．何でだろう？疑問点など

7．本日の気づきと学び（年齢・応用・導入・展開などさまざまな視点から振り返る）

8．今日の授業意欲　　1・2・3・4・5	9．ノートの満足度　1・2・3・4・5

ポートフォリオ23

☆日付　　　　月　　　　日　　　　天候　　　　　　場所

1．本日の内容	2．本日の感想
・ ・ ・ ・ ・ ・ ・	
3．本日の遊びを視覚的（図や絵）に記録しよう！	4．ルール解説・指導方法・遊びのおもしろさ

3．本日の遊びを視覚的（図や絵）に記録しよう！	4．ルール解説・指導方法・遊びのおもしろさ

5．安全面についての学びと気づき	6．何でだろう？疑問点など

7．本日の気づきと学び（年齢・応用・導入・展開などさまざまな視点から振り返る）	

8．今日の授業意欲　　1・2・3・4・5	9．ノートの満足度　　1・2・3・4・5

Ⅱ．ポートフォリオ

ポートフォリオ24

☆日付　　　　月　　　　日　　　　天候　　　　　　　場所

1．本日の内容	2．本日の感想
・ ・ ・ ・ ・ ・ ・	
3．本日の遊びを視覚的(図や絵)に記録しよう！	4．ルール解説・指導方法・遊びのおもしろさ

3．本日の遊びを視覚的（図や絵）に記録しよう！	4．ルール解説・指導方法・遊びのおもしろさ

5．安全面についての学びと気づき	6．何でだろう？疑問点など

7．本日の気づきと学び（年齢・応用・導入・展開などさまざまな視点から振り返る）

8．今日の授業意欲　　1・2・3・4・5	9．ノートの満足度　1・2・3・4・5

ポートフォリオ25

☆日付　　　　月　　　　日　　　　天候　　　　　　場所

1．本日の内容	2．本日の感想
・ ・ ・ ・ ・ ・	
3．本日の遊びを視覚的(図や絵)に記録しよう！	4．ルール解説・指導方法・遊びのおもしろさ

3．本日の遊びを視覚的（図や絵）に記録しよう！	4．ルール解説・指導方法・遊びのおもしろさ

5．安全面についての学びと気づき	6．何でだろう？疑問点など

7．本日の気づきと学び（年齢・応用・導入・展開などさまざまな視点から振り返る）

8．今日の授業意欲　　1・2・3・4・5	9．ノートの満足度　1・2・3・4・5

ポートフォリオ26

☆日付　　　月　　　日　　　天候　　　　場所

1．本日の内容	2．本日の感想
・ ・ ・ ・ ・ ・	
3．本日の遊びを視覚的(図や絵)に記録しよう！	4．ルール解説・指導方法・遊びのおもしろさ

3．本日の遊びを視覚的(図や絵)に記録しよう！	4．ルール解説・指導方法・遊びのおもしろさ

5．安全面についての学びと気づき	6．何でだろう？疑問点など

7．本日の気づきと学び（年齢・応用・導入・展開などさまざまな視点から振り返る）

8．今日の授業意欲　　1・2・3・4・5	9．ノートの満足度　1・2・3・4・5

ポートフォリオ27

☆日付　　　　月　　　　日　　　　天候　　　　　　場所

1．本日の内容	2．本日の感想
・ ・ ・ ・ ・ ・ ・	
3．本日の遊びを視覚的（図や絵）に記録しよう！	4．ルール解説・指導方法・遊びのおもしろさ

3．本日の遊びを視覚的(図や絵)に記録しよう！	4．ルール解説・指導方法・遊びのおもしろさ

5．安全面についての学びと気づき	6．何でだろう？疑問点など

7．本日の気づきと学び（年齢・応用・導入・展開などさまざまな視点から振り返る）

8．今日の授業意欲　　1・2・3・4・5	9．ノートの満足度　　1・2・3・4・5

Ⅱ．ポートフォリオ

ポートフォリオ28

☆日付　　　　月　　　日　　　　天候　　　　　　場所

1．本日の内容	2．本日の感想
・ ・ ・ ・ ・ ・	
3．本日の遊びを視覚的（図や絵）に記録しよう！	4．ルール解説・指導方法・遊びのおもしろさ

3．本日の遊びを視覚的(図や絵)に記録しよう！	4．ルール解説・指導方法・遊びのおもしろさ

5．安全面についての学びと気づき	6．何でだろう？疑問点など

7．本日の気づきと学び（年齢・応用・導入・展開などさまざまな視点から振り返る）

8．今日の授業意欲　　1・2・3・4・5	9．ノートの満足度　　1・2・3・4・5

ポートフォリオ29

☆日付　　　　月　　　日　　　　天候　　　　　　場所

1．本日の内容	2．本日の感想
・ ・ ・ ・ ・ ・	
3．本日の遊びを視覚的(図や絵)に記録しよう！	4．ルール解説・指導方法・遊びのおもしろさ

3．本日の遊びを視覚的（図や絵）に記録しよう！	4．ルール解説・指導方法・遊びのおもしろさ

5．安全面についての学びと気づき	6．何でだろう？疑問点など

7．本日の気づきと学び（年齢・応用・導入・展開などさまざまな視点から振り返る）

8．今日の授業意欲　　1・2・3・4・5	9．ノートの満足度　1・2・3・4・5

Ⅱ．ポートフォリオ

ポートフォリオ30

☆日付　　　　月　　　　日　　　　天候　　　　　　　場所

1．本日の内容	2．本日の感想
・ ・ ・ ・ ・ ・ ・	
3．本日の遊びを視覚的（図や絵）に記録しよう！	4．ルール解説・指導方法・遊びのおもしろさ

3．本日の遊びを視覚的（図や絵）に記録しよう！	4．ルール解説・指導方法・遊びのおもしろさ

5．安全面についての学びと気づき	6．何でだろう？疑問点など

7．本日の気づきと学び（年齢・応用・導入・展開などさまざまな視点から振り返る）

8．今日の授業意欲　　1・2・3・4・5	9．ノートの満足度　1・2・3・4・5

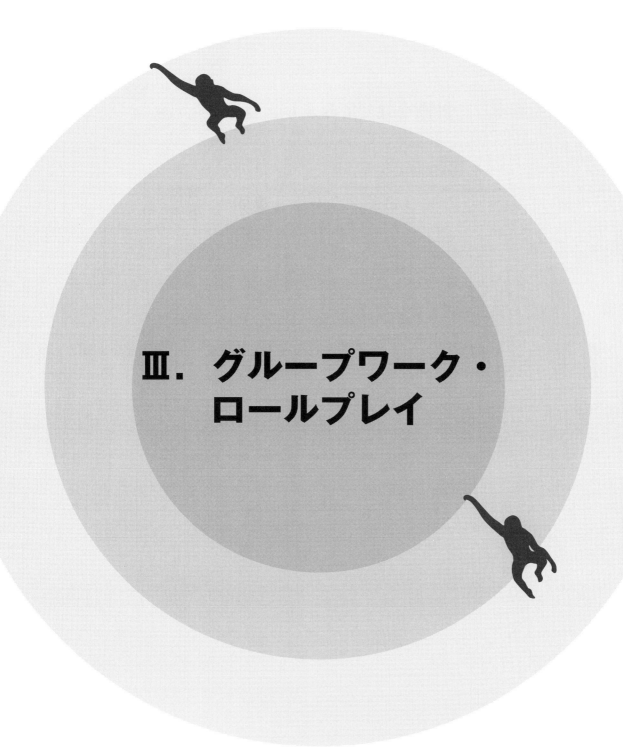

Ⅲ. グループワーク・ロールプレイ

① 【指導案】…計画を立ててみましょう
② 【ワンポイント Lesson】…実習先で運動遊びを楽しく展開するために
③ 【運動会種目表】…運動会種目を考えてみましょう
④ 【リズム体操】…オリジナルダンスを考えてみましょう
⑤ 【親子体操】…おもしろいと思った親子の遊びを記録しましょう
⑥ 【ケーススタディ集】…話し合ってみましょう
⑦ 【ルーブリック】…自己診断を行いましょう

① 【指導案】…計画を立ててみましょう

部分（午前・午後）	月　日（　）		歳児	男児　　　名 女児　　　名
主な活動		ねらい		
準備				

時間	環境構成	予想される子どもの活動	保育者の援助・配慮

時間	環境構成	予想される子どもの活動	保育者の援助・配慮

感想・反省

指導者の助言

②【ワンポイントLesson】…実習先で運動遊びを楽しく展開するために

　保育には、「計画」があります。計画というからには、先を見通して子どもの動きや保育者の援助を示す必要があります。自分なりの計画を立てて、満足のいく指導はできそうですか？　ここでは、保育実習や幼稚園教育実習がより充実したものとなるように、実習先で運動遊びを楽しく展開するための5つのポイントをお届けします。

【point！1】実習先には"子ども達"がいます

　とても当たり前の事ですが、紙面上で計画を立てていると、目の前の子どもの姿を見失ってしまうことがあります。実習先では、常に目の前に子どもがいます。子どもの姿を思い浮かべながら立案できていますか？自身に問いながら計画を立ててみましょう。たとえば、子ども達に遊びの内容を伝える際も、机上の学びでは意識しなかった視点が問われることになります。子どもに伝えるために、どのような配慮が必要でしょうか？

◆話し方や姿勢は？
　"子どもの目線に立って"とよく言われますが、具体的にどのようにしたらよいのでしょうか。**子どもに話しかけるときは立ち止まって子どもの目を見て話しましょう。**

◆話すスピードは？
　伝える子どもの年齢によっても話すスピードは変わってきます。特に運動遊びの説明のように理解することを求められるときは、**ゆっくり、はっきり話す**ことも効果的です。

◆言葉づかいは？
　実習生の言葉は、子ども達に直接届きます。**どのような言葉を使ったらよいか、**目の前に子どもがいると思って考えてみましょう。

◆声の大きさは？
　場に適した声の大きさは、子ども達の人数、距離、内容によって異なるものです。子ども達の興味を引く声の大きさはどのくらいでしょう？**相手に伝わる声の大きさも、**実習先で学んできてください。

【point！2】毎日の"つながり"を考えましたか？

　あなたが「楽しい！」と思う運動遊びを、子ども達が楽しむかどうかわかりません。では、どうすればいいのでしょうか？子どもの楽しさに寄り添って計画を立てるには、子どもが面白がっている姿を、じっくり見ることが大切です。子ども達が毎日つみ重ねている、楽しさの連続性を見極めていきましょう。

◆子どもは何に熱中していますか？
　子どもが何かに熱中している先をよく観察しましょう。そこに、子どもを理解してかかわるヒントが隠されています。

◆子ども達の中で流行っている遊びや話題はありませんか？
　子ども達に人気のあるキャラクターやストーリー、絵本の世界をのぞいてみましょう。あなたが考えた運動遊びや導入に取り入れることで、より魅力的な内容になるでしょう。

【point！3】保育者からのアドバイスをもらいましょう

　実習先の保育者には、なかなか声をかけられないかもしれません。でも、保育者は実習生からの質問を待っているものです。保育者は当然ながら遊びのプロです！鬼ごっこ一つとっても、そのクラス独自のルールをつくって楽しんでいることもあります。あなたの運動遊びの計画を更に魅力的にするチャンスだと思って、事前に保育者に相談してみましょう。

【point！4】運動遊びの内容を振り返ってみましたか？

　部分実習や全日実習で子ども達とかかわることは、大変な力を使うものです。だからといって、終わってホッとしてしまうだけではもったいない！「何が楽しかったかな？」「心残りなことは？」と振り返る（省察する）ことで、次の計画がより充実したものになります。振り返るたびに、新たな発見があるものです。

> ◆実習記録の他に、このテキストに"本音の振り返り"を書いてみる！
> 　実習記録の中には振り返りの欄が存在します。しかし、保育者に提出することを考えると、「本音が書けない…」という実習生の声も耳にします。ぜひ、このテキストに本音で（自分の言葉で正直に）実践している瞬間の感覚を記してみてください。率直な記録を目にする方が、後に読み返した時に、その場の情景が鮮明によみがえってきます。

> ◆保育者からの事後指導は振り返り最大のチャンスです！
> 　実習生は、保育者から反省会や実習記録の指導欄を通して、事後指導を受けます。その中に、自分の思いや気づきと違う点を見つけたら、とても幸運なことです。**この違いが、あなたの運動遊びや保育の視点を広げてくれる**からです。あなたと保育者の気づきの違いを、たくさん見つけましょう。

（振り返りによって「？」が「！」に）

【point！5】計画通りに行動しようとしていませんか？

　あなたが計画した内容に、子ども達が思う通りにしたがうとは限りません。むしろ、計画通りにいかないことの方が多いと心得ておきましょう。子どもが実習生をはるかに上回る楽しさを発見することは、保育実践の場でたびたび目にすることです。そんな時は、子どもの興味関心がどの方向に向いているかしっかり見ていきましょう。子どもの思いや周囲の状況から判断して、柔軟に計画を変更しながら保育をデザインする力も、保育者の専門性として重要なことです。計画した遊びに新たな発見をプラスして、遊びを発展させていきましょう。

　実習は、講義室での学びと違って、挫折や悔しさ、悲しさをも伴った学びです。しかし、喜びや幸福感、楽しさを得られることもまた、実習の醍醐味といえます。実習先では、失敗を恐れずに、これまでの保育者としての学び、運動遊びの学びを存分に発揮してきてください。そして、実習の振り返りから保育者として成長するための課題を見出していきましょう。

③【運動会種目表】…運動会種目を考えてみましょう(グループワーク)

NO.	タイトル		
演技構成		対象者	
		種目の説明	準備物

NO.	タイトル		
演技構成		対象者	
		種目の説明	準備物

NO.	タイトル		
演技構成		対象者	
		種目の説明	準備物

NO.	タイトル		
演技構成		対象者	
		種目の説明	準備物

④ 【リズム体操】…オリジナルダンスを考えてみましょう(グループワーク)

［対象］　　　　　歳児　［曲名］

ダンスの特徴・ねらい

タイトル リズムとり	①	②	③	④
図　　記入例				
説明　トン、トン横ゆれ（手を前後に）				
⑤	⑥	⑦	⑧	⑨
⑩	⑪	⑫	⑬	⑭
⑮	⑯	⑰	⑱	⑲

Ⅲ．グループワーク・ロールプレイシート

⑤ 【親子体操】…おもしろいと思った親子の遊びを記録しましょう

※年齢によってできること、楽しめること、親子だからできること等を考えてみましょう。

タイトル 大木とリス 図　[記入例] 説明　①親が両手、両足を開いて大木になる。 ②子どもが親にしがみついて下に落ちないように回る。	①	②	③

④	⑤	⑥	⑦

⑧	⑨	⑩	⑪

⑥【ケーススタディ集】…話し合ってみましょう

実際の指導中に起こった出来事などをまとめました。関連したテーマの終了時にグループで下記内容を話し合い、さまざまな視点でアプローチ方法を探求してみましょう。

予想外の子どもの行動編

No.1	4歳児のおにごっこで、保育者がオオカミになりきって追いかけていました。ほとんどの子ども達がそれを楽しんでいたのですが、一人の女の子が急に泣きだしてしまいました。その子につられて数名の子も一緒になって泣き出しました。どのように対応するのが良いでしょうか？また、事前にどのような配慮が考えられるでしょうか？
No.2	5歳児の子ども達が園庭で覚えたてのドッジボールを楽しんでいました。ある男の子が投げた強めのボールが砂場で遊んでいた3歳児の子ども達の砂の作品を壊してしまいました。本人も謝りましたが、砂場の子どもたちもショックを隠せません。どのように対応したら良いでしょうか？
No.3	運動会前のリレー練習中にある男の子がバトンを投げて渡しました。放物線を描きうまく次の友だちにわたり、しかも逆転することができました。その後の展開を予想しながら、保育者としてどのように対応するのが良いでしょうか？

失敗・うまくいかなかった編

No.1	普段は、積極的で運動の得意な子が、跳び箱で初めてうまくいかない経験をしました。それ以来、跳び箱をやりたくないと言って避けるようになりました。その子に対し、どのような関わり方をするのが良いでしょうか？
No.2	4歳児のクラスでおにごっこが流行り、いろんなおにごっこを試したり、工夫をしながら楽しんでいます。しかし、いつも捕まってしまう子、狙われてしまう子がではじめ、その子が「もうおにごっこはしたくない」と言い出しました。どのように対応するのが良いでしょうか？
No.3	運動会まで残り2日、3クラスある年長組のクラス対抗リレーで、あなたのクラスはこれまでの練習中すべてビリです。そして、なんと今日のリハーサルでもビリでした。男の子が悔しくて泣きだしました。運動会もやりたくないと言っています。クラスの子ども達に、どのような言葉かけをするのが良いでしょうか？

ヒヤリとする場面編

No.1	年長さんの運動会発表種目で組体操をやることになりました。しかし、ある保護者から「うちの子どもは体が弱くて小さいから、可哀そう。違う種目に変えられませんか」と相談されました。どのように対応するのがよいでしょうか？
No.2	フープでケンケンパと、マットで回転する動作の入ったサーキット遊びを設定しました。保育者は危険だと思ったマットの脇についていましたが、子どもがフープを踏んで滑り、転んで頭を打ちました。この場合の対処と未然に防ぐためにどのような対策をすべきだったか、考えてみましょう。

チャレンジ編

No.1	運動会の起源を調べ、乳幼児期に運動会を行う必要性について、さまざまな視点から話し合ってみましょう。また、子どもの目線に立って、おもしろい運動会を企画してみましょう。
No.2	ムーブメント教育に関して調べ、いくつかのアクティビティを実施しながらその内容を理解し、まとめてみましょう。
No.3	感覚統合に関して調べ、運動遊びや感覚遊びを実施してみましょう。
No.4	運動遊びを通して育みたい社会性や心の発達に関して、できるだけ多くのキーワードをあげ、実際にどのような遊びを体験すれば、そのキーワードを実感できるか、グループで実験してみましょう。 例）協調性、達成感など
No.5	実習やボランティアにおいて、戸外における子ども達の運動遊びを観察し、どのような遊びを展開していたか（遊びの内容や遊具の使い方等）、そこで、どのようなエピソードや学びがあったかなどを話し合ってみましょう。

⑦【ルーブリック】…自己診断を行いましょう

授業の初回と最終回、または年度の始めと終わりに自己診断を行いましょう。記入する時点で自身の能力として「あと少し」・「良い」・「素晴らしい」のどこに当てはまりますか？あてはまる欄に○をつけ、得点欄に記入してみましょう。

		観点	あと少し（1点）	良い（2点）	素晴らしい（3点）	得点	
運動遊びの知識	①運動遊びの意義	乳幼児期における運動遊びの必要性や、子どもを取り巻く環境・生活習慣について理解している。	運動遊びの必要性について自分なりの感想が言える。	自分なりに理解でき、運動遊びの必要性がわかる。	自分なりによく理解できており、客観的なデータを用いて他者に運動遊びの必要性を説明できる。	初回	最終回
	②子どもの発達と運動	乳幼児期の運動発達に関して理解し、心の発達や社会性の発達に関しても、その特徴を理解している。	子どもの発達と運動について自分なりの感想が言える。	自分なりに理解でき、子どもの様々な発達における運動の必要性がわかる。	自分なりによく理解できており、スキャモン、シャーレー等の理論をもとに、子どもの発達と運動に関して説明できる。	初回	最終回
	③運動遊びの種類	子どもの基本的動作について理解するとともに、発育発達段階における習得すべき動き（動作）を理解している。	84の基本的動作について理解している。	自分なりに理解でき、発育発達段階における運動遊びの違いについて説明できる。	自分なりによく理解できており、各年齢において習得すべき動き（動作）について説明でき、その内容についても経験している。	初回	最終回
運動遊びの実践力	①運動遊びの技とコツ	運動遊びのおもしろさを理解し、年齢に適したテーマや課題を設定し、課題に適した声かけや環境設定ができる。	運動遊びのおもしろさを理解し、年齢によるテーマや課題の違いを理解できる。	子どもがやってみたくなるような声かけや環境を構成することができる。	子どもがやってみたくなるような声かけや環境を構成できる。また、時間を意識しテンポよく展開することができる。	初回	最終回
	②運動遊びの導入・展開	子どもをその気にさせるような運動遊びができ、連続性を保ち改善点を見つけ、次につなげることができる。	子どもをその気にさせる導入について、その考え方と方法を理解し、計画・実施できる。	運動遊びの中で子どもの様子や動きを観察し、次へつなげる終わり方や連続性を保障できる。	運動遊びの中で、子どもの学びをとらえ、環境・内容・子どもの様子から総体的に反省し、課題や改善策を見つけることができる。	初回	最終回
	③運動遊びとリスク	運動遊びにおけるリスクの特性を理解し、環境や年齢に応じたリスクを具体的に見つけることができる。	運動遊びにおけるリスクについて理解している。	運動遊びにおけるリスクや事故発生の傾向に関して、原因・損傷部位・発生遊具等について理解している。	運動遊び中のリスクを想定し、回避する案を提示できる。万が一事故が起こった際に何をすべきか、理解している。	初回	最終回
	④運動遊びと行事	健康に関する行事の意義を理解し、対象に応じた内容を計画・実施できる。	運動会や親子体操など、健康に関する行事の内容や特徴を理解できる。	健康に関する行事の意義を理解し、対象年齢や参加者に応じた内容を立案することができる。	健康に関する行事の意義を理解し、対象年齢や参加者に応じた内容を計画し、展開することができる。	初回	最終回
毎回の振り返り	①環境構成Ⅰ	図やイラストを用いて適切に表現できる。	実施した内容について表現できる。	子どもの動線や隊形を想像して表現できる。	子どもの動きやコツを表現できる。また、声かけやワンポイント等についても表現できる。	初回	最終回
	②環境構成Ⅱ	ルールや説明等についてわかりやすく表現できる。	遊びのルールや解説を文章で表現できる。	対象年齢に応じたわかりやすい説明を文章で表現できる。	ヒントやコツを整理し、応用や発展系などを調べて、わかりやすく文章で表現できる。	初回	最終回
	③運動遊び指導の専門性	保育者として運動遊びを理解し、適切に実践できる。	運動遊びの実施直後に振り返ることができる。	子どもと保育者の視点で運動遊びを探求できる。	発達段階に応じた運動遊びを提供でき、自身の保育に対して、課題を抽出し、解決・応用策を探求できる。	初回	最終回

初回の合計得点	年　月　日 ／　　　点	最終回の合計得点	年　月　日 ／　　　点

Ⅳ. 運動遊びのヒント集

Lesson 1　運動遊びの意義を考える
Lesson 2　子どもの発達と運動を考える
Lesson 3　動きの種類と運動遊び
Lesson 4　楽しく遊ぶための技とコツ
Lesson 5　運動遊びとリスクマネジメント
Lesson 6　保育への導入・展開・応用の探求
Lesson 7　運動遊びアラカルト

Lesson 1 運動遊びの意義を考える

1．子どもの生活習慣

（1）大切な生活リズム

　幼児の生活習慣には、生活リズムが重要となります。生活リズムとは、起床し、朝食を摂り、排便を行い、日中に活動し、夕食を摂り、就寝するといった日常生活における行為を規則正しく繰り返すことをいいます。生活リズムは、それぞれが相互に関係し合い、連鎖しています。たとえば、日中に体を使っていっぱい遊べば、お腹がすいてご飯をおいしく食べられます。そしてぐっすりと睡眠をとり、気持ちよく目覚め、日中、意欲的に活動していきます。このような健康的な生活リズムが繰り返されることによって、望ましい生活習慣は獲得されています。一方、どこかひとつでも不具合が生じれば、健康的な生活リズムは崩れてしまい、生活習慣にも影響を及ぼします。そうなった場合は、生活リズムを見直す必要があります。

（2）生活リズムを作る幼児期

　私たちは1日24時間を基本として生活しており、生活リズムはこれに沿って繰り返されています。しかし、私たち人間には生来備わっている時計、生体時計という生体リズムがあり、このリズムは24時間周期ではなく、24時間より少し長い周期で繰り返されています。つまり、生活リズムと生体時計との間にズレが生じています。生体時計の周期は、朝日を浴びることで24時間周期に調整できるといわれています。したがって朝しっかり起きるという生活リズムは、このズレを修正し、1日24時間の生活に適応するために不可欠なのです。幼児期はこのような生活リズムを形成する大切な時期です。

　幼児の生活リズムは、家庭の生活スタイルから強く影響を受けることから、その形成に向けては、保護者を中心とした家庭での取り組みが大切となります。また、家庭だけでなく、密に保育者と家庭とが連携をとり、一人一人の家庭の状況に合わせた支援をしていくことが重要です。

2．子どもを取り巻く環境

（1）遊ばない子ども、遊べない子ども

　私たちは、インターネットを介していつでも買い物ができ、各種家電のおかげで掃除や洗濯が楽になり、パソコンやスマートフォンを使ってさまざまな情報を得ることができます。今日の日本の効率化、自動化、情報化は目覚ましく、私たちは非常に便利な生活を手にしています。しかしそのような便利な生活が、はたして日本の未来を担う子どもが健やかに育っていく環境といえるのでしょうか。

　30年ほど前の日本では、日常的に原っぱや空き地で夢中になって遊ぶ子どもの姿を目にすることができました。しかし、現在はどうでしょう。降園後や放課後に友達と汗だくになって遊ぶ姿を見ることは少なくなりました。

　子どもがおもしろくのめり込んで遊ぶためには、「遊び時間」「遊び空間」「遊び仲間」という「3つの間」が必要です。しかし近年、この遊びの成立条件である「3つの間」が減少・消失し、その結果、遊ばない子ども、遊べない子ども、遊びを知らない子どもが増加しています。

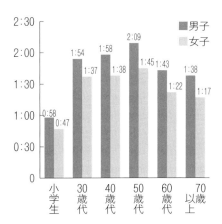

図1-1 外遊び時間の変化
出典：中村和彦『子どものからだが危ない』日本標準　2004年

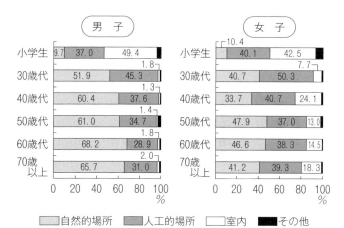

図1-2 遊び空間の変化
出典：中村和彦『子どものからだが危ない』日本標準　2004年

（2）遊びの「3つの間」の変化

　世代別の「時間」「空間」「仲間」の実態をとらえた研究によると、小学生時代における1日あたりの外遊び時間は、40歳代の男性は1時間58分、女性は1時間38分、50歳代の男性は2時間9分、女性は1時間45分であるのに対して、今の小学生男子は58分、女子は47分と現代の小学生は両親の小学生時代の半分も外で遊んでいないことが明らかになっています[1]（図1-1）。

　では、遊び空間はどうでしょうか。30歳代から70歳代までの大人では、「空き地」「山川・田畑」といった自然的空間の割合が高く、男性の50％以上、女性の30％以上が自然のなかで遊んでいたことがわかります。一方、いまの小学生においては、自然的空間で遊んでいる割合は、男子は9.7％、女子は10.4％と低く、男子の49.4％、女子の42.5％が室内で遊んでいることがわかります（図1-2）。また遊び仲間については、幼児を対象とした調査によると、平日、幼稚園・保育園以外での遊び相手として「母親」の割合が1995（平成7）年の55.1％から2015（平成27）年の86.0％へと増加し、「友だち」の割合が1995年の56.1％から2015年の27.3％へと減少したことが明らかとなっています[2]。「3つの間」が変化した結果、今の子どもの遊びは室内でのゲームやカード遊びが多くを占め、鬼ごっこや缶けりなど外でからだを使って友達と群れて遊ぶような遊びが消失してきているのです。

（3）孤食と「だんらん」

　次に子どもの食生活・食習慣について考えていきます。以前は食事というと、毎日だいたい同じ時間に家族揃って食べるというのがふつうでした。ところが、現在では核家族化や共働きの増加に伴い1人で食事を摂る子どもが増加しています。一家で食卓を囲み、一日の出来事を語り合う楽しい時間が少なくなっているのです。また、食卓にはレトルト食品や冷凍食品が並び、ファーストフードやファミリーレストランで食事を摂ることも珍しくありません。インスタント類の食品や外食は、家事の負担を減らしてくれますが、栄養の偏りや「家庭の味」を堪能できないなど、さまざまな問題があります。子どもの頃の食習慣や味覚は、その後の食生活に大きく影響を与えます。食べ物が溢れているからこそ、子どもにとっての食の大切さを改めて考えてもらいたいと思います。

（4）子どものメディア漬け

　近年、テレビ、パソコン、ゲーム、スマートフォンといった各種メディアを使用する機会が増え、メディア漬けとなっている子どもが増加しています。小学校5・6年生の帰宅後のメディアの使用時間は、男子は4時間33分、女子は4時間16分となっています[3]。また1歳を迎えた乳幼児の40％以上が2時間以上テレビを視聴し、1歳から6歳までの子どもの20％から30％が22時以降に就寝することが報告され

ています[4]。加えて、親や友達との会話をお互いの目と目を合わせることなく、携帯電話やメールで済ませてしまう子どもも存在します。これでは人間的なコミュニケーションをとることができません。メディア漬けは、体への影響のみならず、心や知識・言葉、コミュニケーション能力などの発達にも問題を生み出しているのです。

このように、体を使って仲間とかかわりながら遊ぶ機会が減り、食や睡眠に問題を抱えながら育っている今日の子どもが、健やかに成長し、立派な大人になれるのか疑問を抱いてしまいます。

3．子どもの運動と体力の傾向

（1）子どもの体力・運動能力の低下

今日の子どもを取り巻く環境の変化によって、子どもの体にさまざまな問題が生じてきています。具体的なものとして子どもの体力・運動能力の低下を挙げることができます。

文部科学省が前回の東京オリンピックが開催された1964（昭和39）年から毎年実施している「体力・運動能力調査」によると、1985（昭和60）年前後から走・跳・投といった基礎的な運動能力を中心に低下傾向をみせ、現在においても低い水準で停滞していることが明らかになっています。この「体力・運動能力調査」は6歳から79歳までを8つの年齢区分に分けて実施され、体育の日（2000年より10月の第2月曜日）にその結果が公表されています。6歳から11歳までを対象とした同調査は、握力、上体起こし、長座体前屈、反復横跳び、20mシャトルラン（持久走）の「基礎体力」を評価する5つの測定項目と、50m走、立ち幅跳び、ソフトボール投げの「基礎的な運動能力」を評価する3つの測定項目、計8種目から成り立っています。それぞれの測定項目は10点満点で評価され、その合計点から年齢別にAからEまでの5段階で総合的に評価します。毎年実施されるこの調査結果より1980年代半ばから、児童の体力・運動能力が低下していることがわかるのです。

（2）低年齢化

また、子どもの体力・運動能力の低下は、低年齢化の傾向にあることが明らかになっています。図1－3は幼児の運動能力の経年的変化を示しています。「体支持持続時間」のように1973（昭和48）年から近年まで低下している種目もありますが、その他の種目は1986（昭和61）年までは向上もしくは横ばいで、1986（昭和61）年から1997（平成9）年にかけて男女児とも低下を示し、2008（平成20）年は1997（平成9）年の低い水準で留まり、現在に至ってい

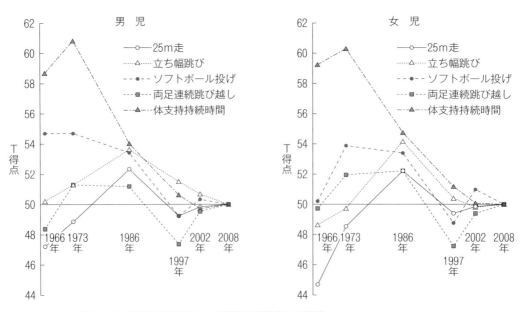

図1－3　2008年を基準として幼児の運動能力の推移
出典：森司朗ほか「2008年の全国調査からみた幼児の運動能力」『体育の科学60』2010年

ることがわかります[5]。つまり、子どもの体力・運動能力の低下の問題は、就学前の幼児期の段階からとらえることが重要なのです。

（3）体力・運動能力の低下の原因

①運動量の減少と基本的な動きの未習得

このような子どもの体力・運動能力低下の問題の原因として、運動量（歩数）の減少と基本的な動きの未習得が挙げられます。

文部科学省の調査によれば、体力向上のための実践プログラムを導入した園の園児の1日の平均歩数は1万3,858歩、導入しなかった園の園児は1万2,550歩であることが明らかとなっています。一方、幼児の親世代が幼児期であった1980（昭和55）年ごろは、1日の平均歩数が2万歩以上であったと報告されていることから、実践プログラムの導入の有無に関わらず、今日の幼児の運動量（歩数）は、大幅に減少していることがわかるのです。

次に、基本的な動きの未習得について考えてみます。まず基本的な動きとは、「走る」「跳ぶ」「投げる」といった日常生活動作や運動・スポーツで必要となる基礎的な動きのことです。3・4歳から11・12歳までの幼少年期は、運動発達が著しい時期で基本的な動きを習得するうえで最も重要な時期といわれています。Lesson 2 で詳しく説明しますが、基本的な動きの習得には、さまざまな動きを経験して動きのレパートリー（走る、跳ぶなどの動きの種類）やバリエーション（上手投げ、下手投げなどの運動のやり方）を拡大させ、動きを量的に獲得していく「動作の多様化」と、無駄な動きを減少させ、動きを滑らかにして動きを質的に獲得していく「動作の洗練化」の2つの方向性があるとされています。この基本的な動きの習得状況について、体力・運動能力がピークであった1985（昭和60）年の子どもと現在の子どもを比較した研究[6]から、現在の子どもが基本的な動きを習得できていない状況にあることがわかるのです。

②基本的な動きの習得を過去と比べる

筆者の研究グループでは、基本的な動きを、何秒で走れたのか、何メートル投げられたのかといった運動の結果や成果を評価するのではなく、結果や成果を生み出すまでの「運動のしかた」そのものでとらえようとしています。子どもの日常生活や運動遊

動作カテゴリー	カテゴリー番号	動作パターン	得点（点）
腕の動作 1．前腕の伸展のみによって放出する。 2．腕のスイングが頭の上方へ引き上がる。 3．投射する側の腕と肩を後方へ引き上げ、反対側へひねる。 4．むちを打つような動きで腕を振る。 5．腕の振りがフォロースルーを伴う。 6．準備局面でワインドアップ動作を伴う。	(1 or 2) 7 ⑪ 14	Pattern 1	1
	③ 7 12 14	Pattern 2	2
脚の動作 7．足は投射した場所に留まっている。 8．投射する腕と同じ側の脚のステップがある。 9．投射する腕と逆側の脚のステップがある。 10．投射する腕と逆側の脚の引き上げがある。	3 4 ⑧ 12 (14 or 15)	Pattern 3	3
体幹の動作 11．上体は投射方向へ正体したままである。 12．体幹を反対側へひねり、腕の振りに伴う回転がある。 13．臀部を反対側へひねり、脚のステップによる回転がある。	3 4 5 ⑨ (12 or 13) 15	Pattern 4	4
体重の移動 14．体重の移動がない。 15．体重が後ろ足から前足へ移動する。	3 4 5 ⑥ 9 10 13 15	Pattern 5	5

○：Key category

図1-4　投球動作様式の発達をとらえるための15の動作カテゴリーと5つの動作パターン
出典：中村和彦ほか「観察的評価法による幼児の基本的動作様式の発達」『発育発達研究No.51』2011年

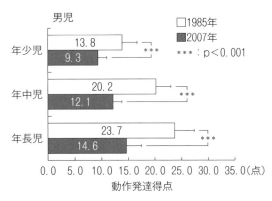
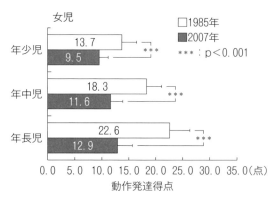

図1-5　性別にみた1985年と2007年の動作発達得点
出典：中村和彦ほか「観察的評価法による幼児の基本的動作様式の発達」『発育発達研究No.51』2011年

びにおいてよく目にする基本的な動きのなかから、「疾走動作」「跳躍動作」「投球動作」「捕球動作」「まりつき動作」「前転動作」「平均台移動動作」の7つを基本的な動きとして設定し、それらの動きをビデオで撮影しました。そして図1-4のような評価基準を用いて動きを5段階に分類し、評価します。また、7種類の基本的な動きのそれぞれの段階に1点から5点までの得点を与え、その合計点（35点満点）を出しました。その合計点を「動作発達得点」と呼んでいます。動作発達得点は、幼児期の基本的な動きの発達を全体的にとらえる指標となっています。そして、今日の幼児の基本的な動きの習得状況を把握するために、同じ評価基準を用いて1985（昭和60）年の幼児と比較をしてみました[6]。

その結果が図1-5です。動作発達得点は男女ともすべての学年において1985（昭和60）年の幼児の平均値のほうが高いことがわかりました。さらに、1985（昭和60）年の年少児と2007（平成19）年の年長児の平均値は同等であることが明らかとなりました。この結果から、今日の幼児は基本的な動きが未発達の段階に留まっていることがわかるのです。

4．運動遊びの「意義」

(1)「幼児期運動指針」の概要

文部科学省は、2012（平成24）年3月に2007（平成19）年から3年間にわたって実施した調査の結果をもとに、幼児の身体活動のあり方を示した「幼児期運動指針」を公表しました。同時に、全国の幼稚園・保育所に「幼児期運動指針ガイドブック」と「幼児期運動指針普及パンフレット」を配布しています。「幼児期運動指針ガイドブック」と「幼児期運動指針普及パンフレット」は、文部科学省のホームページからPDFでダウンロードすることが可能です。

幼児期運動指針ガイドブックでは、「幼児は様々な遊びを中心に、毎日、合計60分以上、楽しく体を動かすことが大切です」と書かれており、60分のなかには散歩やお手伝いといった日常生活の活動も含まれています。また、①多様な動きが経験できるように様々な遊びを取り入れること、②楽しく体を動かす時間を確保すること、③発達の段階に応じた遊びを提供することをポイントとしています。つまり、幼稚園・保育所等においては、幼児の発達に見合った多様な動きを経験できる遊びを提供すること、遊びにのめり込む時間の確保や幼児が遊びたくなるよう環境を工夫することが大切といえます。

(2) 幼児期における運動遊び

幼児期運動指針には、運動が幼児の心身の発達を促すことが記されており、多くの研究・調査においても、同様に運動や運動遊びが子どものさまざまな側面に好影響を及ぼすことが報告されています（表1-1）。

幼児期においては、「身体的側面」「情緒・社会性の側面」「認知的側面」の3つがそれぞれ独立しておらず、密接に関係しています。そして幼児は、運動遊びを通じてこれら3つの側面を相互に補い合いながら発達させていきます。このことを「相互補完性」[7]といいます。このようなことから、運動遊び

表1-1　運動遊びが及ぼす好影響

体 身体的側面の発達	子どもは多様な運動遊びを経験するなかで、自分の体をコントロールする能力（平衡性、敏捷性、巧緻性、協応性など）や危険回避能力を向上させ、活動し続ける能力（持久力）や力を発揮する能力（筋力や筋持久力）を高めていきます。また、発達段階に適した遊びは、丈夫でバランスのとれた体を育み、運動習慣の形成、肥満や瘦身の予防、体調不良の防止にも寄与します。
心 情緒・社会性の側面の発達	体を使った遊びでは、友達の意見を聞いたり、自分の考えを言ったりとコミュニケーションが自然に生まれます。またケンカしたり、我慢したり、相手を思いやったりとさまざまな場面が遊びには含まれています。遊ぶためには、きまりや約束事を守り、遊びのなかでの自分の役割を理解する必要もあります。子どもは、運動遊びにおける友人関係を通じて、他者理解や自己抑制、協調性といった「情緒・社会性の側面」を発達させていきます。
頭 認知的側面の発達	運動遊びには、ルールや遊びのやり方の理解、相手に勝つための工夫、状況を判断して行動する必要があります。加えて、数や大小を判断する（数量概念）場面や、ボールや縄の方向や自分の体の位置を把握する（空間概念）場面、早い遅いを把握する（時間概念）場面も遊びには含まれています。つまり運動遊びは、物事や状況を把握し、先を予測するなどの思考判断する側面、「認知的側面」の発達も促します。

出典：筆者作成

は子どもの「心と体」の総合的な発達を促し、子どもが健やかに育っていくうえでなくてはならないものなのです。

【引用文献】
1）中村和彦『子どものからだが危ない』日本標準　2004年　pp.70-71
2）ベネッセ教育研究開発センター「第5回幼児の生活アンケート」2016年　p.29
　　http://berd.benesse.jp/jisedai/research/detail1.php?id=4949
3）日本学校保健会「児童生徒の健康状態サーベイランス事業報告書」2016年　p.79
　　http://www.gakkohoken.jp/books/archives/198
4）日本小児保健協会「幼児の健康度に関する縦断的比較研究」2011年　pp.12-13
5）森司朗・杉原隆・吉田伊津美・筒井清次郎・鈴木康弘・中本浩輝・近藤充夫「2008年の全国調査からみた幼児の運動能力」『体育の科学60』2010年　pp.56-66
6）中村和彦・武長理栄・川路昌寛・川添公仁・篠原俊明・山本敏之・山縣然太朗・宮丸凱史「観察的評価法による幼児の基本的動作様式の発達」『発育発達研究No.51』2011年
7）宮丸凱史「幼児期と動きの獲得」『体育の科学35（1）』1985年　pp.15-20

【参考文献】
神山潤編『四快のすすめ──子どもの「快眠・快食・快便・快動」を取り戻す』新曜社　2011年
杉原隆・河邉貴子編『幼児期における運動発達と運動遊びの指導』ミネルヴァ書房　2014年
日本発育発達学会『幼児期運動指針実践ガイド』杏林書院　2014年
浅見俊雄・福永哲夫編『子どもの遊び・運動・スポーツ』市村出版　2015年
宮丸凱史『子どもの運動・遊び・発達』Gakken　2011年

Lesson 2 子どもの発達と運動を考える

1. 発育・発達と運動

(1) 発育と発達の特徴

乳幼児期は、身体的にも機能的にも急激な変化を示す時期です。特に身体的な「発育」や機能的な「発達」は、一定の原則やルールにしたがって進みます。また、アメリカの医学・人類学者スキャモンは、ヒトの体の器官を4つに大別し、その発育の変化の様子について示しています（図2-1）。特に、乳幼児期は、神経機能の発達が著しく、6歳で成人の80％程度発達することが示されています。このことから、保育活動においては、著しく進む神経機能に働きかける活動を積極的に導入する必要があります。

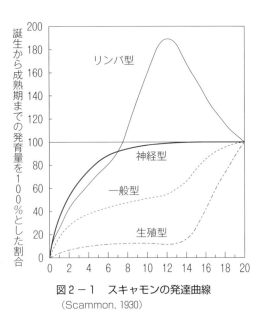

図2-1　スキャモンの発達曲線
（Scammon, 1930）

図2-2　シャーレーによる運動発達の順序
（Shirley, 1933）を一部改変

(2) 運動発達について

①乳児期の運動発達

・原始反射

新生児期から幼児期の運動では、原始反射（哺乳反射、モロー反射、把握反射、自動歩行など）がみられます。原始反射は、中枢神経が未発達なために脳からの刺激によらず勝手に体が動いてしまう現象です。中枢神経の発達とともに自然と消失し、徐々に脳からの刺激により、動きをコントロールできるようになります。

・乳児期の運動発達

シャーレーによる運動発達の順序は、図2-2のようにまとめられています。このように、乳児は1年ほどでダイナミックな粗大運動獲得の変化を遂げます。

②幼児期の運動発達

幼児期では、次の3種類の基本的な動作ができるようになっていきます。

・平衡系の動き（姿勢変化、バランスをとるなど）
・移動系の動き（歩く・走る、跳ぶ、など）
・操作系の動き（投げる・蹴る、打つ、つかむなど）

幼児の保育においては、歩く、走る、投げる、蹴る、ジャンプ、スキップ、登り下り、つかまる、ぶらさがるなど、多様な動きを楽しく経験できるよう

0〜2か月　成長が速いが首はまだすわらない

3〜4か月　首がすわり始める

4〜6か月　寝返りをする

6〜8か月　ハイハイはまだだが、お座りができる

な環境づくりや声掛けを積極的に行いましょう。また、これら基本的な動作を習得する大切な時期でもあるので、体を動かすことの楽しさを経験することは重要なポイントです。

また、幼児期の指先の動作など微細運動の発達について、現代は便利さを追求した結果、意識しないと習得できない動きが多くなっている状況です。たとえば、雑巾をしぼれない、ドアノブをまわすことができない、水道の蛇口をひねることができないなどがその例です。この対策として、ダイナミックな動きだけでなく、箸を使う、折り紙やビーズなどを用いた細かい製作をするなど、保育のなかでも手先の細かい運動が経験できる環境や教材を研究し、微細運動の発達を促せるよう心がけましょう。

2．動きの発達・習得・洗練・多様化

（1）動きの発達

子どもの運動発達の特徴は、基本的な動きの「習得」と「洗練」が挙げられます。「幼児期運動指針ガイドブック」では、「基本的な動きの習得」とは、「動きの多様化、種類の増大」であり、「基本的な動きの洗練」とは、動きの洗練化、質的な変容」と示されています。

（2）動きの習得

動きの習得とは、動きを身につけ、動作ができるようになることを示します。特に、先に示したように、乳幼児期は基本的な動作を習得できる時期でもあるので、保育者は基本的な動作の分類や種類について理解する必要があります。図2-3に、基本的な動作と分類を挙げます。

（3）動きの洗練

動きの洗練とは、習得した動きが、無理なく、無駄なく、なめらかにできるようになること、つまり上手になるということです。「歩く」を例にとると、ひとり歩きできるようになったころは、バランスを崩しやすく、転ぶことが多いですが、歩くことを繰り返していくうちに、転ぶことが少なくなり、速度の変化や、足元の不安定さへの対応などもうまくできるようになっていきます。このように、動きの質が変容し、巧みさが増していくことが上手になることです。このように、洗練化するためには、習得した動作を繰り返して経験値を上げていくことが必要です。繰り返しの少ない動きは、習得しても未熟なままで、質的な洗練化はみられません。子どもと関わるなかで、さまざまな動作を繰り返すことは、重要な活動です。さらに、繰り返すためには、楽しいことも大切な要素の1つです。子どもたちが、自ら進んで、楽しく活動できるよう支援していきましょう。

（4）動きの多様化

動きの習得においては、単一な動きではなく、多種類の動きを経験することも大切です。特定の動きだけを繰り返していると、その動きしか習得できません。また、基本的な動作を、一つひとつ取り上げて経験しても、プログラムとしての楽しさは少ないかもしれません。子どもの生活は、遊びで成り立っているので、これら基本の動きも、遊びを通して経験することが理想です。特に遊びには、さまざまな

| 8〜11か月 | 12〜1歳6か月 | 実際は個人差があります |
| ハイハイする | つかまり立ち → 支えられて歩く → 1人で立つ → 1人で歩く | |

要素が含まれていて、遊んでいるうちに、いつの間にか多様な動きを経験でき、習得できるようになっていることも少なくありません。多様化の観点からは理想的な活動といえます。保育者として、遊びを提案するにあたっては、これらのことを意識して、活動内容を検討しましょう。

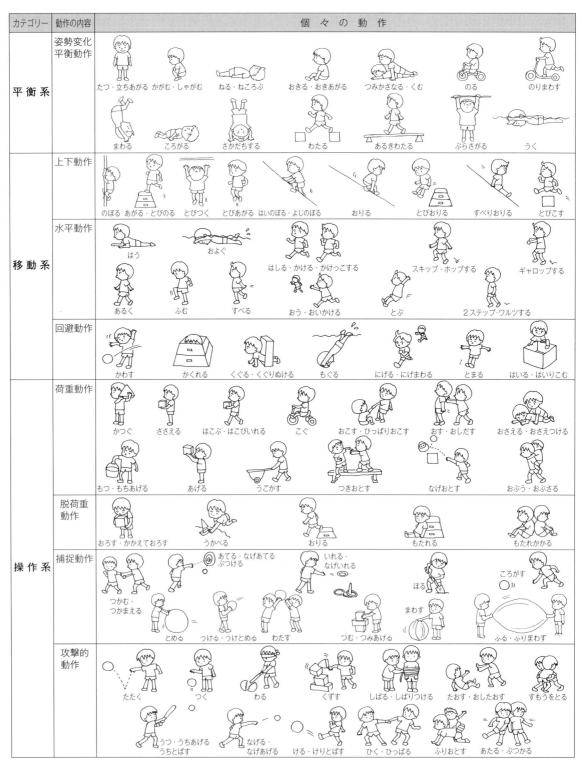

図2-3　基本的な動作と分類（84種類）
出典：近藤充夫監修『新版改訂　乳幼児の運動あそび』建帛社　1999年　p.35を一部改変

3．心の発達と社会性の発達

（1）"できた""やりたい"という気持ちを育む

子どもの心の発達に役立つ遊びはいろいろなものがあります。なかでも「運動遊び」は、身体的な発達だけでなく心理的な発達にも有用です。運動遊びとは、「総合的な遊びの中で活発に身体運動を含んだ遊び」のことをいいます[1]。また、運動遊びは運動・認知・情緒の面での発達を促し、とりわけ「運動有能感」（運動に対する自信）を形成します。運動有能感は、運動遊びを通じて得られた"できた"という成功体験をもとに獲得されます。運動有能感の高い子どもは"やらされる"という感覚ではなく、"やりたい"といった内発的動機づけにより運動に取り組みます。発達段階に応じて適切に運動遊びを実施する中で、進んで運動しようとする意欲や態度を育てることは最も大切なことといえるでしょう。

下の表2－1は幼児期から児童期前期、いわゆる小学校2年生くらいに見られる認知的、情緒的な発達の特徴を示したものです[2]*[1]。特に幼児期は、うれしさ・得意・愛情・怒り・恐れ・悲しさといった自分の思いや考え、自分なりのやり方などを言語の獲得により他者へ表現するようになります。また、動物やキャラクターの模倣を楽しんだり、創造力を発揮しながら見立てて遊ぶことやごっこ遊びもできるようにもなります。数字の概念を理解することで、数的な目標に挑戦することもできるようになるのです。さらに、うまくいかなかったことやイメージと違った結果に対しては、その原因を学習することもできるようになります。このように、年齢や経験を積み重ねながら認知的な側面を成長させていくことで、自己満足的な行動から社会的行動へと移行していくのです。

情緒的な特徴としては、おおむね4歳頃までは自己中心的な側面が強く、ルールや順番を守ることや道具の貸し借りなどでスムーズにいかないことがあります。たとえば、逃げる範囲がわからず大きく超えてしまったり、ボールや縄跳びなどの道具をめぐってトラブルが発生したりします。しかし、そうした場面は、他の友達との「違い」や「ズレ」あるいは「葛藤」を経験する絶好の機会でもあります。こうした経験を積み重ねていくことで、自分と向き合い他者を意識しながら成長していきます。しかし、成長や経験には子ども一人一人のペースがあり、それぞれ異なります。個人差については、平均より早いか遅いかという視点ではなく、成長過程における個々の特徴や個性として理解することも大切です。したがって、それぞれの発達段階において、どのような運動遊びを取り上げ、どのような配慮や環境構成が子どもの認知的側面と情緒的側面に働きかけるのかを意識しながら、子どもたちの「できた・やりたい」につなげることを心がけましょう。

表2－1 幼児期・児童期前期の発達の特徴

認知的な特徴	情緒的な特徴
1．この段階の子どもは、思っていることや考えていることを徐々に言語で表現できるようになります。	1．一般的に、幼児期の子どもは自己中心的で、自分が考えているのと同じように他の人も考えていると思っています。結果として、しばしばけんか早く、他人と分け合ったり上手くやっていくことが困難です。
2．空想的な想像力によって、物事の正しい順序や正確さにほとんど関心を払うことなく、行為とシンボルの両方を模倣することができます。	2．子どもは、しばしば新しい状況を恐れたり、恥ずかしがったり、自意識が強く、慣れ親しんだ安全なところから離れようとしません。
3．子どもは、主として個人的に関心のある新しいシンボルを探索し発見します。	3．子どもは、正しいことと間違っていることを学習し、善悪の観念を発達させ始めます。
4．子どもは、活動的な遊びを通して自分の行動の「仕方」と「原因」を学習します。	4．この時期の初期には、しばしば聞き分けがなく一貫性のない振る舞いをしますが、少し大きくなると安定して従順になります。
5．幼児期は前操作的な発達の段階で、自己満足的な行動から基礎的な社会的行動への移行の時期です。	5．自己概念が急速に発達します。この時期には、うまくいくように仕向けられた経験と積極的な手助けの2つを子どもに与えることがとりわけ重要です。

出典：David L.Gallahue.Dvelopmental Physical Education for Today's Children. 杉原隆監訳『幼少年期の体育 発達的視点からのアプローチ』大修館書店 2006年 p.50をもとに筆者作成

（2）子どもの遊びの変化

　図2-4は未就学児の遊びの変化を示したものです[3]。おおよそ2歳児までは、他人の影響をあまり受けずに興味関心のままに一人で遊ぶ姿が多く見られますが、3歳児になるとお互いに干渉することはなくとも同じ空間で同じ道具を使って遊ぶ姿（並行遊び）も見られます。また、言葉の獲得と同時に意志や欲求を表現したり、保育者との関わりを強く求めたりするようになります。4歳から5歳児にかけて手指の器用さや動きの多様さが発達し、さまざまなことに自信が持てるようになると、一人で遊ぶより友達と関わって遊ぶ楽しさに気づき、集団でダイナミックに遊んだり、目標やイメージを共有したりしながら、協同的な遊びを好むようになっていきます。また、このころから、ルールの理解や役割分担もできるようになり、競争やスポーツといった組織的な遊びも楽しめるようになっていくのです。

　このように、ひとり遊びから協同遊び、組織的遊びへと変化していく過程で、他者への興味や接し方（たとえば「仲間に入れて」の言葉かけ）などいわゆる「社会性」が発達します。遊びの経験を通じてルールや規範、集団のなかでの規律、相手の感情を知るなど、社会で生活していくうえで必要となる能力を獲得することを「社会化」といいます。運動遊びの場面では遊具や運動器具の順番を待つこと、それぞれの遊びのルールを理解すること、喜びや悔しさなどの感情表現を通して社会性を育みます。しかし、現代の子どもを取り巻く環境において、浅見（2015）らは、子どもたちの運動能力の低下の主要な原因は、子どもたちが外で体を使って遊ばなくなってきたことにあることを指摘しています。加えて、子どもたちの遊びを通した心の発達が期待できず、子どもたちの日常の行動にも影響している可能性を指摘しています[4]。このことからも、運動遊びを通じて身体的な成長を促すだけでなく、子どもの内面の発達を促す働きかけが必要であり、むしろ、そのことは運動遊びに期待されている重要な課題でもあるのです。

　Lesson 3では、様々な遊びを紹介しています。それぞれの遊びが心の発達や社会性の発達にどのような影響をもたらすか、ぜひ、探求してみましょう。

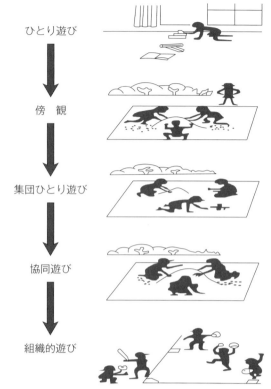

図2-4　遊びの発達
出典：西山哲・山内光哉監修『目でみる教育心理学』ナカニシヤ出版　1978年

＊1　小学校2年生くらいまでに子どもは発達を通じて認知的・情緒的・精神運動的課題に対応し、乗り越える準備が必要だとされています。これらは広範囲にわたる研究から見出された幼児期と児童前期の「典型的な」発達の特徴です。

【引用文献】
1) スポーツ心理学会編『スポーツ心理学事典』大修館書店　2008年
2) David L.Gallahue.Dvelopmental Physical Education for Today's Children. 杉原隆監訳『幼少年期の体育 発達的視点からのアプローチ』大修館書店　2006年　p.50
3) 西山哲・山内光哉監修『目でみる教育心理学』ナカニシヤ出版　1978年　p.29
4) 浅見俊雄・福永哲夫編著『子どもの遊び・運動・スポーツ』市村出版　2015年　p.50

【参考文献】
吉田伊津美編『楽しく遊んで体づくり！幼児の運動あそび「幼児期運動指針に沿って」』チャイルド本社　2015

memo

Lesson 3 動きの種類と運動遊び

1．運動遊びのおもしろさ

　みなさんは、運動遊びを計画するとき、当然できる限りおもしろい内容をと考えるのではないでしょうか。そのためにさまざまな工夫を施したり、興味を引くアイテムを用意しながら内容を決めていくと思います。しかし、おもしろさといっても、それは主観的であり、子どもたちによって感じ方は違います。「おもしろい運動遊び」があるのではなく、「子どもたちがおもしろいと感じる運動遊び」があるということです。一見同じように感じますが、この違いに気づけるかどうかが、運動遊びをおもしろく展開できるかどうかの違いになります。Lesson 3では、さまざまな遊びを紹介していきます。その前に、運動遊びにおけるおもしろさについて考えてみましょう。

（1）やる気を引き出すきっかけづくり

　「おもしろさ」を引き出すものの1つが自発性です。誰でもやらされる活動はおもしろくありません。楽しそう！やってみたい！と思える工夫をたくさん散りばめましょう。この子どものやる気を引き出す作業を「動機づけ」といいます。子どもたちの動機（行動を決める要因）は褒められることが好き、チャレンジすることが好き、報酬があるとがんばれるなどさまざまです。当然ですが、最初から運動が好きな子ばかりではありません。目標として格好良い見本を見せたり、苦手意識をもっている子に対しては、その子が興味・関心のあることを利用することもできます。たとえば、動物が好きな子ならば動物ごっこから始め、絵本が好きな子には、好きな絵本の世界観を運動遊びのなかに表現することもできます。このやる気を引き出すきっかけづくりを丁寧に計画し、本当に運動遊びをしたいと思ってもらえるようなおもしろい展開を目指しましょう。

（2）チャレンジするおもしろさ

　上手な導入や動機づけを行うことができれば、子ども達の中に「やってみたい」「できるようになりたい」という気持ちが芽生えます。この感情がスタートとなり、本当の意味での運動遊びがはじまります。せっかくチャレンジしても、まったくできそうもなければ、大人でもやる気を失ってしまいます。子ども達の発達段階や心の様子をしっかりと理解し、適切な課題を与えることが大切です。たとえ壁にぶつかったとしても、保育者が適切なアドバイスと援助を行うことで、子ども達の中に「できそう！」というイメージを持ってもらうことが大切です。この「できそう」という感情こそが、チャレンジすることをおもしろくするためのポイントとなるのです。

（3）失敗・できない・負けることを楽しむ

　競争や技のともなう種目に挑戦すると、子ども達は必ずと言って良いほど「できない」や「負けた」という壁にぶつかります。これは、子ども達にチャレンジしようという心が芽生えたり、仲間と運動を楽しんだりしていけば、必ず起こることです。こうしたネガティブな結果や感情を大人は敬遠しがちです。確かに、子ども達にとってできないとか負けたという感情は、上手にアドバイスしてあげなければ、せっかく芽生えたチャレンジしたい気持ちや楽しもうとする気持ちを無くしてしまう可能性があります。しかし、この感情の中にこそ、次へ繋がる重要な内容が隠されているのです。負けたとき、できなかったとき、子どもたちはどんな気持ちでしょうか。悔しい、つらい、もうやりたくないと感じるかもしれ

ません。しかし、その悔しいという気持ちを「じゃあどうすれば勝てるのかな」と作戦を立てたり、「次こそは」と一緒に練習したり、「何でできないんだろう？」と疑問を持つ事で、それは次への意欲や大切な学びにつながるのです。「負けた・できなかった・失敗した」という経験は、運動遊びにおいて重要な意味と価値を持つのです。

（4）みんなで取り組むおもしろさ

競争や協力など、運動には他人と関わる場面がたくさんあります。共通のルールの中で、大人数で活動するというだけでも、今までの一人遊びや少人数の遊びにはない迫力があり、ドキドキワクワクするおもしろさがあります。人と関わりながら遊ぶというのは、思い通りにならないおもしろさや、がんばっているお友達を応援したくなる気持ち、誰かの役に立ちたいという思いも沸いてきます。お友達に見てもらったり、応援されたりする喜びも知ることができます。予想外の行動や結果に出会うおもしろさもあります。他のお友達と関わる中で、協同的に目標や課題を達成し、みんなで喜びを分かち合うおもしろさも運動遊びの醍醐味といえるでしょう。

（5）発達段階と遊びのおもしろさ

子ども達がおもしろいと感じる内容は、発達段階によっても異なります。未満児では、他人との関係性より、走ること、追いかけること、逃げること、転がること、投げること、音楽に合わせて踊ることなど、全力で体を動かすことを楽しみます。ルールが難しかったり、1度にいくつかの説明を同時に行うと、たちまち動きが止まってしまうことがあります。一方、5歳児ともなると、ケイドロの警察官役になりきって捕まえることを楽しんだり、全員捕まえるという目標を達成することを楽しんだり、紅白リレーの様に所属するチームが勝つことや勝つためにみんなで努力することを楽しむこともできます。従って、発達段階からできること、楽しめることを日頃から注意深く観察しながら整理しておきましょう。その上で、子ども達が楽しめる課題や目標、ルールや役割分担等、道具や空間など、どこがおもしろ

さに繋がるかを想像したり、予測しておくことが大切です。104ページの年齢に応じた運動遊びを、ぜひ参考にしてみてください。

（6）遊びの発明家

運動遊びを指導していると、思わず笑ってしまうことや、子ども達の創造力に驚かされることが多々起こります。「もっとこうした方がおもしろいよ」と言いながら園庭全体を使うことを提案してくる子、おにの数を増減しようと持ち掛けてくる子、ポーズや魔法、理不尽なタイム（無敵の休憩）を提案してくる子など、さまざまなアイディアが生まれます。道具の使い方に関しても、マットにくるまれて「手巻きずし」ごっごをはじめたり、一段ずつ運ぶ跳び箱の片づけがいつの間にか新幹線ごっこになっていたりと想像力を働かせながら楽しみます。設定した道具・遊具・空間・ルールに対し、保育者が意図しないことや逆のことを偶然にも意図的にも思いつき、遊びに発展させてしまうことがあるのです。こうした子ども達の発明した遊びを他の子ども達に紹介したり、次の導入や内容に取り入れたりすることも、おもしろみと言えるのではないでしょうか。

このように考えてみると、運動遊びのおもしろみは子どもによっても保育者によってもさまざまであり、無限の可能性があると言えます。しかし、おもしろいと思って運動遊びを行うのと、やらされて行うのでは、まったく異なる内容になるのです。たとえ「雑巾がけ」という内容であったとしても、保育者の力量によっておもしろく活動を展開することは可能なのです。重要なことは、子ども達と一緒に運動遊びを楽しめる・楽しもうとするかどうかです。そのためにも、次のページからさまざまな運動遊びを紹介します。子どもの頃に経験した遊びもあるかもしれません。ぜひ本気で遊び込んでください。そして、子どもの頃に何がおもしろかったのかを思い出しながら、そのなかに隠れているおもしろみの要素や学びの視点を、今度は保育の専門家として実体験してみましょう。

2．グループ遊びと伝承遊びの特徴とねらい

（1）グループ遊び

　グループ遊びとは、2人以上の一定の組織を作って互いに協同し行う遊びです。そこには共通のルールや目標があり、競争や協力など相互に関わり合うなかで遊びが展開します。幼児期初期の段階では、ひとり遊びや平行遊びが多くみられますが、年齢が上がるにつれて、グループ遊びが増え、1人では経験できない動きを、お互いに遊びのなかから学んでいきます。基本的な動作の獲得においても、"すもうをとる" など相手がいることで初めて発生する動きや、1人で行っていた動作を、手をつなぐなどしてグループで行うことで、より高度な動きへと発展していきます。

> グループでの仲間意識や相手への競争心が遊びの動機づけになることも、グループ遊びの大きな特徴です。

「手押し相撲」
遊び方：2人で両足をそろえて向かい合って立ちます。手のひらどうしを叩いたり押したりして、先にその場から動いてしまった方の負け。
動きの視点：操作系動作にあたる "おす" "たたく" の動作が発生します。
ポイント：押し倒すだけではなく、相手の力うまく受け流し、バランスを崩す方法もあります。フェイントを使ったり、"押す" "引く" の駆け引きを楽しんでもらいましょう。

「手つなぎ鬼」
遊び方：逃げる人が、鬼にタッチされると、鬼と手をつなぎどんどん長くなっていく鬼遊び。
動きの視点：1人では行えない "かわす" "にげる" "にげまわる" "つかまえる" といった鬼遊びの特徴的な動きのほかに、手をつないで走らなくてはいけないため、バランス系動作が加わります。
ポイント：逃げられる範囲をあらかじめ狭く限定し、逃げ道がどんどん減るようにして鬼を有利にしてみたり、鬼はつないでいる手の部分ではタッチができないなど、今度は逃げる方を有利にしてみたり、遊び方の工夫で新たな動きを引き出すことができます。

「立ち上がり」
遊び方：2人組を作り、背中合わせの状態で座り、腕を組んでから立ち上がります。
動きの視点：相手に体重をあずける必要があるため、"もたれる" "もたれかかる" などの動作が発生します。
またバランス系、平衡動作の "たつ" "たちあがる" という動作が2人で行うことで難易度が増します。
ポイント：力を合わせ協力しないと成功することができません。同調することの大切さを感じてもらいましょう。

「ことろことろ」
遊び方：子役の3人から5人程度が肩に手をおき、列をつくる。鬼はその列と向かい合い、一番後ろの子にタッチできたら勝ち。列の手が離れ、列が維持できなくても鬼の勝ち。制限時間内にタッチされなければ子役の勝ち。鬼を交換しながら、何回タッチできたかを競っても楽しめます。
動きの視点：タッチする際の "おう" "つかまえる" 動きや、子役の "にげる" "かわす" といった動きを、列を維持しながら行なうため、より高度な動きとなります。
ポイント：子役の人数を増やすと鬼が有利になります。
子役の先頭は手を広げて、鬼を妨害できます。

（2）伝承遊び

　鬼遊びやかくれんぼに代表されるような、昔から子どもたちに親しまれ伝えられてきた遊びのことを「伝承遊び」とよびます。日本に古くからある遊びは、長く残るだけのおもしろさがあり、現代の子どもたちにも、親世代から伝わる共通の遊びとして楽しむことができます。また多くの準備を必要とせず、すぐに実施できるこれらの遊びは、集まった人数や場所に合わせて、何をして遊ぶのか、どうすればみんなで楽しめるかについて、子ども同士で相談し合い工夫しやすいという良さもあります。「走る」「跳ぶ」「蹴る」「投げる」などの基本的運動能力の発達を促すだけでなく、集団遊びとしての知性や社会性の発達を期待することもできます。さまざまな場面で子どもたちに紹介して、伝承遊びを広めてもらいたいと思います。

「ねことねずみ」
- **遊び方**：線を2本引き、"ねこグループ"と"ねずみグループ"に分かれて向かい合って立ちます。指導者の「ね、ね、ね・・・」という声に合わせて、相手グループに向かって一歩ずつ進みます。「ねこー」と言われたら、ねこはねずみを追いかけタッチします。ねずみはタッチされないように後線まで逃げます。（逆も同じ）。後方の線にたどり着く前にタッチされたら、相手グループの仲間となります。これをランダムに繰り返して、最後に人数の多いグループが勝ち。
- **動きの視点**："おう""にげる"などの移動系動作の他に、"つかむ""つかまえる"といった操作系動作が含まれます。
- **ポイント**：言葉を聞き分け、瞬時に適した動きに切り替える、判断力や瞬発力、敏捷性などを養うことができるこの遊びは「ねことねずみ」だけでなく、「タコとタイ」や「赤と青」などでも楽しめます。また「ね、ね、ね、ねんど！」などフェイントを入れると、子どもの好奇心や集中力が高まります。

「はないちもんめ」
- **遊び方**：2つのグループを作り、手をつないで横一列に並び向かい合います。歌詞の♪①から⑥までを交互に歌いながら前進・後退を繰り返します。その後、グループで誰が欲しいか相談します。決定後♪⑦と叫んで、再び手をつないで向かい合います。前進しながら交互に欲しい相手の名前を伝え、それぞれのグループから一人代表を決め、ジャンケン等で決着をつけます。勝った方が欲しい人を貰って仲間にすることができます。ここまでを繰り返し、人数が多い方の勝ちという遊びです。
- **ポイント**：ひとりの子だけが活躍することのないように配慮して遊びましょう。地域によって異なる歌詞を調べてみましょう。

♪歌詞♪
①勝って嬉しい花いちもんめ
②負けて悔しい花いちもんめ
③あの子が欲しい
④あの子じゃ分からん
⑤相談しましょう
⑥そうしましょう
⑦相談後「決まった」
※その後は地域によって異なります

「かごめかごめ」
- **遊び方**：鬼を1人決めたら目をふさいでしゃがみます。他の子どもは手をつないで鬼のまわりを歌いながら回ります。歌が終わったらみんな一斉にその場に静かにしゃがみます。鬼は自分の後ろの人の名前を当てます。名前が当たったら今度はその名前を当てられた人が鬼になります。
- **動きの視点**：歌に合わせ"まわる""とまる""しゃがむ"などの発展した移動系。
- **ポイント**：鬼にばれないよう静かに動いたり、歌と動きを友達と合わせたり、誰を鬼の後ろにするかなど、遊びを成立させる同調のおもしろさが魅力です。

♪歌詞♪
かごめかごめ
籠の中の鳥は
いついつ出会う
夜明けの晩に
鶴と亀が滑った
後ろの正面だぁれ？

「猛獣狩り」
- **遊び方**：指導者が簡単なリズムと動き♪①を見せて、それを子どもたちが真似をします。次に♪②を踊りながら歌い、子どもたちも続けます。同様に♪③〜⑤まで続けます。その後、指導者が「あっ」と言いながら動物などの名前を叫びます。子どもたちはその動物の文字数と同じ人数のグループを作って座ります。残った人に、インタビューや自己紹介してもらうなどして楽しむ遊びです。
- **動きの視点**：手を叩いたり、足を鳴らしたり、ジャンプするなど、振付の仕方や、槍や鉄砲の武器を変えることで動きが広がります。
- **バリエーション**：「昆虫採集行こうよ」「海釣りに行こうよ」など。

♪歌詞♪
①どんどこドン、どんどこドン
どんどこどんどこどんどこドン
×2
②猛獣狩りにいこうよ！×2
③猛獣なんて怖くない×2
④槍だって持ってるし
⑤鉄砲だって持ってるもん
セリフ：「あっ！○○○○！」
※動物の名前

★伝承遊びはこの他にも「かくれんぼ」、「缶蹴り」、「おしくらまんじゅう」、「だるまさんが転んだ」、「だいこん抜き」、「たこあげ」、「けん玉」、「コマ大会」などたくさんあります。自分たちで調べてやってみましょう！

3．年齢に応じた運動遊び

（1）2～3歳に適した運動遊び

2～3歳児の遊びというのは、動きそのものを楽しむことから始まります。先生のまねっこ遊びや1対1の遊びを中心に、言葉の指示は少なめにし、先生が楽しく遊んでいる姿を見せるなど、子どもが自らやりたくなるような工夫をしましょう。日常生活や体を使った遊びの経験をもとに、さまざまな動きを習得していく時期です。マットなどの道具を少しずつ活用していき、より多種多様な動きを体験できるような環境の構成が重要になります。

平衡系
「たってすわって」
先生の「よーいドン！」の合図で素早く立ち上がります。
先生より早く立ち上がれるかな？
発展：スタート時の座り方を変えたり、寝っ転がったところからスタートする
動きの種類：立つ、立ち上がる　屈む、しゃがむ　起きる、起き上がる

移動系
「飛行機ブーン」
両手を広げて飛行機に変身。「ブーン」「キーン」と声を出しながらお部屋を飛び回ります。飛行機の翼（両腕）が壁やお友達にぶつからないように気をつけましょう。
発展：先生の飛行機が故障したと言って、子ども達を追いかける
動きの種類：走る、かけっこする　かわす　逃げる、逃げ回る

「島が沈むぞ」
島に見立てたマットを数枚用意します。
子どもたちがマットに乗った状態からスタートし、先生が「大変だ！この島が沈没する！」の合図で、子どもたちは違う島に急いで移動します。
発展：島の形や大きさを変える。島の数を減らしていく。
動きの種類：歩く　踏む　上がる、飛び乗る　降りる　止まる

操作系
「オセロゲーム」
段ボールなどで作った、手のひら大のオセロのコマを数枚準備し部屋に散らばします。
先生が黒にしたコマを子どもたちに白にひっくり返してもらいます。
時間を決めて最後に白のコマが多ければ子どもたちの勝ちです。
発展：子どもたちを白チーム、黒チームに分けて競争する
動きの種類：動かす　もつ、もちあげる

（2）4～5歳に適した運動遊び

これまでに経験した基本的な動きが定着しはじめる時期です。また先生や友達と一緒に運動することに楽しさを見出します。環境との関わり方や遊び方、ルールを工夫しながら、多くの動きを経験できるようにしましょう。

平衡系
「落とし穴だ」
みんなで一緒に足踏みしながら、先生の「落とし穴だ！」の合図でジャンプ。「カラスだ！」の合図でしゃがみます。
動きの種類：立つ、立ち上がる　屈む、しゃがむ

「ドーンじゃんけん」
子どもたちを2つのチームにわけます。
線や平均台などの両端から1人ずつお互いに向かい合って移動します。
ぶつかったところでジャンケンをして負けた方がよけ、次の人がスタートします。
相手チームの陣地に侵入することができれば勝ちです。
発展：体全体を使ったじゃんけんにする
動きの種類：渡る　歩き渡る

移動系
「オクトパス」
子どもたちが魚、先生がタコになります。
子どもたちを部屋の壁側に並ばせて、先生が「オクトパス！」と叫んだら、子どもたちは「フィッシュ！」と叫んで、タコ（先生）に捕まらないよう魚のようにスイスイとよけて部屋の反対側に移動します。
発展：腹這いになったり、背中を床に着けるなど、移動の仕方を変える
動きの種類：くぐる、くぐり抜ける　かわす　逃げる、逃げ回る　這う

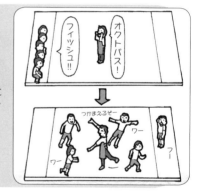

操作系
「お掃除ゲーム」
部屋の真ん中に線を引き、部屋を2つに分けます。
子どもたちも2つのチームに分けそれぞれの範囲にあるゴミ（ボール等）を相手の部屋に捨てます。
終わった時に、部屋のゴミが少なかった方のチームが勝ち。
発展：捨て方を限定する　投げる、転がす、蹴る、箒を使うなど
動きの種類：つかむ　投げる　投げ入れる　転がす　蹴る、蹴り飛ばす　打つ、打ち飛ばす

4．運動遊びの環境作り

（1）安全な環境作りと学びのバランス

　保育において安全は一番気をつけなければならない内容です。事故やけががつきものである運動遊びは、ときとして一瞬に子どもの命を奪うことすら起こり得ます。事故の発生をできる限り防ぎ、安全な活動にするには、子どもへの安全教育の徹底を図るとともに、常に安全に対しての意識を高めておくように努力することが大切です。

　しかし、すべての危険を取り除いてしまっていいのでしょうか。子どもは危険から学ぶこともたくさんあります。落ちそうになって危ないとか、つまずいて転ぶといった体験は、大きなけがにつながらない範囲では、その後の子どもの発達に非常に重要な経験となります。危ないから「ダメ」とすべての危険を排除してしまうと、子どものワクワク感やチャレンジ精神を奪ってしまうとともに、子ども自身が経験すべき危険管理能力を身につける機会を失わせる可能性があります。危険な個所を発見したとき、何もせず放置することも、ただ考えなしにそれを除去することも、どちらも子どものためにはならないでしょう。対象の子どもや環境、自分自身のスキルをよく理解し、子どもが体験し学びになり、大きなけがにはつながらないという範囲にリスクをコントロールし、安全と危険のバランスのとれた環境を考えていくことが必要になります。

　たとえば、道具の破損などの危険を取り除き、光を背にして立たない（子どもたちがまぶしい）といった配慮をすることが求められます。表3－1に具体的に注意するポイントをまとめました。

（2）自ら遊び出す環境作り

　文部科学省が示す幼児期運動指針にも「多様な動きの獲得のためには、量（時間）的な補償も大切である[1]」とあります。週に何回かの運動遊びの時間では、この量的な補償が足りないことは明らかです。自由遊びの時間や、日々の生活のなかに少しでも多く子どもたちが積極的に体を動かす時間を取り入れられるような工夫が必要です。

　そのために、「遊びだしたくなる工夫」と「自分で始められる準備」を考えましょう。

　たとえば、園庭や廊下などに線を引いておいたり、風船ボールが遊戯室に転がっていたりするだけで、子どもたちは自ら新たな遊びを展開します。また、子どもが運動遊びの時間に、跳び箱やマットの楽しさに気づいたとしても、自ら遊べる環境になければ、せっかくのきっかけが活かされません。自分で道具を出せるような配置に環境を整えましょう。危険が伴うものに関しても、ただ禁止するのではなく、出し方・使い方のルールを徹底し、できる限り子どもたちが自ら遊具を出して遊べるようにしましょう。最後に、子ども達が自ら遊びたくなるような「モノ・コト・空間」とはどのような環境なのか、ぜひ、楽しみながら探求してみましょう。

表3－1　注意するチェックポイント

「場所」	「物」	「人」
□太陽光の向き	□破損・劣化の有無	□ぶつからないような動線
□室内の明るさ	□対象に適したものか	□保育者の立ち位置
□運動に適した気温・湿度	□危険物がないか	□子どもの待つ場所
□十分な広さがあるか	□ピアノ・ストーブ等	□子どもの聞く姿勢・集中力
□床や壁の材質	□棚や収納された突起物など	□指導者の服装
□柱やステージへの注意	□配置の工夫	□子どもの服装

5．運動遊びで人気の道具・使えるアイテム

道具を使って遊ぶことで、動きの多様性を育むとともに、その道具に慣れることにもつながります。道具本来の使い方に固執せずに、さまざまな可能性を探しましょう。跳び箱を見た子どもが今日はどんな遊びだろう！というワクワク感をもてるような活動を目指しましょう。身近にありふれているものも、工夫次第では運動遊びを盛り上げる大人気アイテムに早変わり！

（1）定番の道具と新しい楽しみ方

マット
島鬼の島や鬼ごっこの牢屋にすることはもちろん、子どもを乗せて運んだり、揺らしたりするだけで子どもたちはとても盛り上がります。丸めてよじ登ってもおもしろいですね。

＜遊びの一例＞
「あしとり鬼」
マットの下に足を隠す。鬼（先生）がマットをはがしたら、素早く他のマットに隠れる。

フープ
並べてけんけんぱや、輪投げとして使ったり、ハンドルにみたてたり、くぐるだけでも十分な運動です。変身フープなどとして、ストーリー性をもたせるとより楽しく遊べます。

＜遊びの一例＞
「鬼を捕まえろ」
鬼（先生）にタッチされないように、フープを鬼にかけたら勝ち！

跳び箱
苦手意識をもつ子も多い跳び箱だからこそ、さまざまな遊びで慣れましょう。バラバラにして並べてけんけんぱをしてみたり、立ててくぐってみてもOK。ボールをぶつける即席ゴールにもなります。

＜遊びの一例＞
「ゆらゆら海賊船」
跳び箱の一段目をひっくり返して、子どもに入ってもらい先生がゆらゆら揺らしてあげるとなんだかお風呂にも見えてくる？

縄（長縄・短縄）
短縄をしっぽとり鬼のしっぽにしたり、引っ張り合いっこの縄にしたり、長縄を床に置いて簡単な一本橋（平均台）に早変わり。くねくね橋など形や長さは自由自在。

＜遊びの一例＞
「電気ヘビをよけろ」
上に来たらしゃがみ、下に来たらジャンプで避けよう。

（2） 身近にあるものを生かす

ビニール袋
投げてキャッチや、落とさないようにパンチやキック！空気を入れてボールにすることもできます。

新聞紙
おなかにつけて落とさないように走ったり、上に何人乗れるか競ったりしてみよう！
「マント鬼」
マントにした新聞紙を鬼にとられないように逃げる。

布・雑巾
「闘牛士」
先生がひらひらさせる布に向かってダッシュ！

「雑巾スケート」
片足ずつ雑巾に乗ってスケートのように滑って移動できるかな？

【引用文献】
1）文部科学省「幼児期運動指針ガイドブック」2013年

memo

Lesson 4 楽しく遊ぶための技とコツ

1. 運動遊びを楽しむために

ここでは、筆者が実際に保育現場で培った経験をもとに、運動遊びを楽しむためのポイントを紹介していきます。子どもと保育者の両方の目線から運動遊びを楽しむ視点を探求していきましょう。

（1）一斉活動を楽しもう

運動遊びを楽しむといっても、自由遊びの時間に少人数で遊ぶのとクラス単位で取り組むのでは、大きな違いがあります。一斉活動として運動遊びを実施する際には、ねらいや目標を達成できるよう誰にでもわかりやすく楽しみながら展開していくことが理想です。特に子ども達が初めて経験する遊びを紹介する場合、遊びのイメージやルールをしっかりと伝えなければ楽しむことはできません。ポイントは、伝わりやすい言葉をしっかり選んで伝えるということです。例えば、表4－1の様に4歳児の場合、怪獣というイメージを追いかけっこにとり入れながら楽しむことができます。その際「子ども達に伝わっているか」ということをしっかりと意識してください。さらに、「当事者である子ども本人に聞く」など、どのように子ども達に伝わっているかを確認することがポイントです。

ストーリーによるアプローチ方法

ストーリーによるアプローチとは、子ども一人ひとりに物語の主人公になってもらい、「私がやるという気持ち」（当事者性）を高め、運動遊びに没頭してもらう方法です。同じ動作を繰り返し行う場合などに子ども達が飽きないように取り組むための工夫です。ストーリーを作る際は、たとえば絵本の『どうぶつえんにいこう』など、子ども達が知っている内容やいま興味・関心をもっているものを取り入れると、遊びに没頭しやすくなります。しかし、過度な演出によって「恐怖」と感じるような伝え方は、逆効果になることもあるので、子どもたちをしっかり観察しながら、適切に表現しましょう。表4－2にストーリーの例をあげました。ぜひ、みなさんもストーリーによるアプローチを楽しんでみましょう。

表4－1 追いかけっこを伝える際の年齢による一例

年齢	「追いかけっこ（保育者がオニの場合）」	
	ルールを伝えるために	ルールが伝わったか確認するために
3歳	今から先生がコチョコチョしに（くすぐりに）行くからみんな逃げてね	みんなコチョコチョされたい？されたくなかったらどうしようか？
4歳	怪獣の足音が聞こえてきた。怪獣が来たらみんな逃げてね！	怪獣が来たらみんなどうするの？
5歳	今から追いかけるから捕まらないようにね	捕まらないようにするにはどうする？

出典：筆者作成

表4-2　遊びのストーリー（例）

活動	ストーリー①	ストーリー②
導入（準備体操） ・屈伸	【掛け声】「1・2・3・4」のカウントを「動物園」に変更。「5・6・7・8」のカウントを「行こう」に変更	【掛け声】「1・2・3・4」のカウントを「忍者」に変更。「5・6・7・8」のカウントを「ニンニン」に変更
展開 ・鬼ごっこ	ゴリラがおりから逃げたから、みんな逃げて！	悪いお殿様に見つかる！みんな逃げて！
まとめ ・円隊列つくり	ゴリラをみんなで手をつないで丸を作っておりに入れよう	悪いお殿様をみんなで手をつないで丸を作っておりに入れよう

出典：筆者作成

（2）チャレンジ型の遊びを楽しもう

　チャレンジ型の遊びとは、速さや回数など目標や課題にチャレンジする要素を含んだ遊びです。今までにやったことのないものや今までのやり方より少し難しいものにチャレンジし、達成することで「私はやればできる」といった有能感が高まります。また、「できた」という達成感を感じる瞬間にもなるでしょう。それらが感じられると「またやってみよう」という気持ちになります。

　配慮すべき点としては、今のその子ども達の運動能力に対して、チャレンジの難易度が難しすぎたり簡単すぎたりしてはいないかということです。難しすぎるとあきらめてやりたくなくなってしまうことがあります。一方で、簡単すぎるとつまらないと感じることもあるでしょう。

何にチャレンジしますか？
①時間（速さ・遅さ）にチャレンジ

　時間に関しては、たとえば、サーキットトレーニングなどを「○○秒以内」などといったように目標タイムの設定をするなどが挙げられるでしょう。さらには、いつもやっている遊びを今日は「速くやってみる」、「ゆっくりやってみる」などもおもしろいでしょう。

例）・できるだけ早くその場で10回ジャンプする。
　　・できるだけゆっくり平均台を渡る。

②いつもは使わない身体の部位でチャレンジ

　いつもは手を使って遊んでいるものを、「足」を使って遊んでみるなどすると、自分の身体の可能性を感じる、さらには身体に対する意識（ふだん自分の身体をどのように使っているかなど）が芽生えるようなステキな体験になるかもしれません。

例）・ボールリレーを手ではなく、足で行う。

③人数を変えてチャレンジ

　ふだんは対象者が1人ずつ行っている運動遊びを2人1組で行ってみる。

例）・平均台を2人で手をつないで渡ってみる。
　　・鬼ごっこを5人全員で手をつなぎ、円を作り行う（担任の先生など鬼は1人）。

> **ミニコラム　さまざまなチャレンジを複数取り入れる**
>
> 　「グーチョキパーでなに作ろう」という手遊びを知っていますか？ふだんは子ども達が1人ずつ遊んでいますよね。それを2人組で行ったら、合計で4本の手がありますね。「4つの手でみんなだったら何ができる？」などと投げかけてみると、もっと色々なもの・ことを表現することができると思いませんか？ひょっとしたらあなたの想像しなかった表現と出会えるかもしれません。それってとてもおもしろいですよね。体全体でグーチョキパーを作って行うのもおもしろそうですね。

（3）プロジェクト型の遊び

プロジェクト型の遊びは、方法や正解が1つではなく、子ども達が身体を動かしながら話し合いながら進めていけるような遊びの形態です。「どうやったら（どう身体を使ったら）」ということを子どもたち自身が考え（創造・思考）、対話し、実際にやってみる（試行）ことが重要になります。

その際、どんな意見でも一度は実際にやってみましょう。子ども達から出てきた意見や表現を否定しないということが大切です。けがにつながりそうな場合は、試行する前に伝えて、実際に行うとどうなるかなどを子ども達に考えてもらいましょう。

例）
- 1枚のマットにいったい何人乗ることができるかな？半分にしたらどうだろう？
- 5人で身体を使って1つのライオンを作ってみよう。5人だと他にどんなものが作れるかな？

2．動きを伝えるおもしろさと難しさ

（1）相手にメッセージを伝えるとは？

①伝える際に考えること

私たちは何かを伝えようとする際、「言葉」を用います。「言葉によって伝わる」ということは、伝える側と受け取る側の両方が「その言葉を共通の意味で理解している」ということが前提になります。人は、誰もが最初は「その言葉の意味を知らない」ところからスタートします。ですから、伝えるためには、「相手に何を伝えるか」を考えることと、「伝える相手がどのような存在か」を考えることが必要になります。

②動きの共有

たとえば、私達は「走る」という動きをみんなと共有していると言えるでしょうか。「走る」という言葉は知っていても、実際に行動として現れる「走るという動き」はみな同じでしょうか。また、走っている際の身体が動いているという感覚はみな同じでしょうか。運動や身体感覚は一人ひとり違います。だからこそ動きを伝えるのは難しく、伝わったときうれしく思うのではないでしょうか。難しいからこそおもしろいのだと思います。

（2）動きを伝える際に用いるもの

①言葉

動きを伝える際に用いるものとして「言葉」があります。考えなければならないのは、言葉を用いて伝える子ども達の年齢や言葉の獲得状況です。これらの工夫を考えてきた先人たちの知恵として、保育の世界に伝わる隠語（保育ジャーゴン）を以下に紹介します（表4-3）。

これらの保育ジャーゴンでは、「ヘビさんになって」や「ゴロンする」など、生き物の特徴やイメージを用いることによって動きの意味を共有しているのがわかります。言葉のみでは伝えることが難しい「動き」を身近な動物などのイメージで補完していると言えます。ただし、保育ジャーゴンはあくまで「動きのイメージや感覚の補完」ですので、いつかは私達が用いている言葉で動きを伝えるようにしていかなければなりません。

②実際に動きを見てもらう

言葉だけでは、「動き」を伝える（共有する）のが難しいため、モデルを立てる、もしくは保育者自

表4-3　保育ジャーゴンの一例

ジャーゴン	意　味	言葉かけの例
ヘビになる	うつ伏せになる	「ヘビさんになって」
ワンワンになる	よつんばいになってお尻を出す	「ワンワンになって」
ゴリラさんになって	力強く	「ゴリラさんになって歩こう」
ゴロンする	横になる	「床にゴロンしようか」
ピョンピョンする	ジャンプする	「ピョンピョンしよう」
ぺったんこして	何かと何かをくっつける	「お尻と床をぺったんこして」

出典：磯部裕子・山内紀幸『ナラティヴとしての保育学』萌文書林　2007年　pp.211-222を一部改変

身がモデルとなり、実際に見てもらうという視覚からのアプローチがあります。その際は、子どもとモデルの手や足の位置や動きがどうなっているかを確認しながら進めましょう。

（3）言葉かけ

①動きなどを伝える言葉かけ

実際に動きや遊びのルールなどを伝える際は、伝わりやすい方法、たとえば保育ジャーゴンを用いるなど言葉を選びます。ポイントは、伝えるべき子ども達の発達段階に合わせて、「言葉のなかに含まれる動きの数」を確認することです。表4－4で示したように「2人組になって両手をつないで座ってね」という5歳児に対する言葉かけは、4つの動きをともないます。3歳児に対しては、1つの動きに対して1つの言葉（指示語）で伝える方が分かりやすいでしょう。したがって、状況や対象年齢に応じてどのような言葉を使って動きや指示を伝えるのか、事前に整理しておくことも、子ども達が運動遊びを楽しむためのコツと言えるでしょう。

②ルールを伝える言葉かけ

動きを伝えるのと同様に、ルールの数も把握しておきましょう。そのうえで、ルールや動作を1つずつ伝えることが大切です。1回の説明でいくつのルールを伝えるべきかも想定しておく必要があります。特にドッジボールやサッカーなどのスポーツ種目は、ルールが多いため一度に全部を説明するのは困難であり、子どもがそれを理解するのは不可能といえます。そのためにも、理解できているかどうか「○○したときはどうするんだっけ？」などと質問しながら確認しましょう。言葉や実際に動きなどで答えてもらうことにより、子ども達がどこまで理解しているのかを把握しやすくなります。勢いやノリで安易に説明しようとせず、専門家として言葉を選択する習慣を身につけましょう。

③言葉を通したかかわり

・ティーチング

動きの獲得や運動遊びを膨らませる際に、「保育者から教える」といったような言葉かけやかかわり方のことを指します。子ども達が「何がわからないかもわからない」などという状況のときはしっかり、ゆっくりと教えます。

例）・ヒントを提示する：「○○してみては？」
　　・遊び方を教える：「○○の遊びをやろう」
　　・誘導する：「○○してみない？」

・コーチング

子どもの想いや考えを「質問を通して引き出す」といった言葉かけやかかわり方のことを指します。

例）・「○○したとき、どうだった？」
　　・「○○はどうやったの？」
　　・「○○するためにはどうすればよいのだろうね？」

3．運動遊びの雰囲気作り

やってみたいと思える、また前向きにチャレンジできるような雰囲気とはどのような雰囲気でしょうか。その雰囲気を作っている要因にはどのようなモノ・コトがあるのでしょうか？そして保育者は子ども達にとってどのような存在になりうるのかを考えてみましょう。

表4－4　年齢による言葉のなかに含まれる動きの数の違い（例）

年齢	伝えたい動き：「立っている状態から、2人組になり両手をつないで座る」	
	言葉	実際の動き
3歳	・「2人で合体してね」 ・「両方の手をつないでね」 ・「つないだ両方の手に鍵をかけるからね」 ・「座ってね」	・2人組になる ・両方の手をつなぐ ・両方の手を離さない ・座る
4歳	・「2人で両方の手をつないで離さないでね」 ・「そのまま座ってね」	・2人組になり両方の手をつなぐ ・両方の手をつないだまま座る
5歳	・「2人組になって両方の手をつないで座ってね」	・2人組になり両方の手をつないで座る

出典：筆者作成

（1）雰囲気を作っているものとは
〜周りの人からの影響〜

　雰囲気づくりに影響を与える人として、その子どもの保護者やきょうだい、保育者などが挙げられます。また、保護者や保育者の運動に対する考え方（運動の好き嫌い、得意・不得意など）や運動遊びのとらえ方が影響を与えます。

①「できた・できなかった」が与える影響

　運動遊びを行うと「できた・できなかった」という結果が目に見えるようになります。保育者がわかるだけではなく、当事者である本人や他の子ども達にもわかります。結果を比較してしまうことで、「私はできない」などという自信の喪失や「あの子より私はできる」という妙な優越感が生まれるのではないでしょうか。それではせっかく運動遊びを通して子ども達自身が自分の生きる力や可能性を開こうとした意味が失われてしまいます。もし比較するならば「過去の自分」や「昨日までの自分」に比べて「今日の自分」はどうだったのかを伝えてください。さらに、「なぜその子どもは今できるのか、なぜ今できないのか」という現在に至る経験や過程（文脈もしくは物語）を考えてみましょう。

②楽しめているか、チャレンジできているか

　子ども一人ひとりが「楽しめているか」、「チャレンジできているか」という観点も大切です。子ども達が楽しんでいる、何かにチャレンジしている姿を見せてくれるような雰囲気を作るためには、保育者が子ども達を見ている、子ども達が失敗してもよいという安心感をもっていることが重要です。また、子ども達が保育者を信頼していることも大切です。子ども達は「保育者という安全基地」があるからこそさまざまなモノ・コトにチャレンジできるのではないでしょうか。

（2）子ども達にとっての仲間の存在

　子どもにとって、同年代の子どもの存在は非常に大きなものです。運動遊びにおいても、「○○ちゃんと一緒だから楽しい」ということもあるでしょう。また、何かにつまずいたとき、応援などで励まし合うこともあるでしょう。そして何より「大勢の仲間がいるからできる遊びがある」、「大勢で遊んだほうが楽しい遊びがある」ということです。注意すべきことは、何かにつまずいている子がいた場合、子ども達は純粋に「がんばれ！」と励ますことがあります。その純粋な応援により、自力で前に進める子もいれば、ときとしてプレッシャーになってしまう場合もあります。そのような場合は「そっと見守る」もしくは「時間と空間を変えて」保育者とゆっくりと再チャレンジするなどの配慮が必要です。また、競争の要素が入った遊びでは、「勝ち負け」だけで終わらせず、一緒に遊んでくれた仲間に「ありがとうという感謝の気持ち」を伝え合うということを忘れないでください。

（3）チームワークと運動遊び（作戦会議、コミュニケーション）

　集団で運動遊びを行う際、子ども達が話し合う時間（作戦会議）を設定してみましょう。その際、保育者は子ども一人ひとりがその集団のなかで「自己を表現できているかどうか」ということを大切にします。一人ひとりに想いや意見がありますが、最初から意見を出し合えるかというとそうではありません。意見を出しやすい雰囲気作りの方法として、「チームに名前をつける」、「チームの掛け声を決める」といったものがあります。これらを最初に行うと、子ども達一人ひとりのその集団に対する帰属意識を高めることにつながるでしょう。

この章の最後に…

　運動遊びを楽しむ技とコツについて述べてきましたが、筆者は1番の楽しむ技は「保育者自身が楽しむ」ことだと思います。子ども達が表現してくれること、子ども達の日々の成長を楽しみつつ、しっかりと味わいたいものです。

【参考文献】
磯部裕子・山内紀幸『ナラティヴとしての保育学』萌文書林　2007年

memo

Lesson 5 運動遊びとリスクマネジメント

　運動遊びを実施する際に避けて通ることのできないリスク（危険）について考えます。何がリスクとなり得るのか、どのように回避すべきか、また事故やけがが発生した際にどのように対処すべきかを理解し、自信をもって運動遊びを展開できるよう理解を深めましょう。

1．自分の身体は自分で守る賢さを育てよう

（1）事故を防止するために

　運動遊びはさまざまな身体諸機能の発達が期待される反面、その指導法や実施方法を間違えると危険が伴います。特に高低差のある遊具や器具を使用した遊び、チャレンジ精神をかきたてる遊び、スピード感覚を味わうような遊びにおいては注意が必要です。しかし、大人が見ていて危ないと感じるものほど子どもの興味をそそり、試してみたくなるものです。安全面のみを考慮してその好奇心や冒険心をすべて制限するようなやり方は子どもの健全な発達に好ましくありません。したがって、周囲の大人が適切な安全管理を行ったうえで、さらに子どもに対しても自分の身体を自分で守る賢さを身につけさせるための安全教育が必要です（表5−1）。
　安全管理とは、施設や遊具を整備・点検しながら何が危険となり得るかを未然に知り、適切に対処することです。いつ・どこで・どんな事故やけがが発生しているかを調べてみると、危険に対する意識や視点が広がります。また、危険となり得るのは施設や遊具だけではありません。子どもの心身の状態や性格などもときに危険となり得ることがあります。環境・道具・子ども・遊びを関連させながら危険をとらえることが重要です。日頃から危険を予知する「危険予知」とその危険を適切に回避する「危険回避」の視点をもち、安全管理能力を向上させましょう。
　また、安心して運動遊びを実施するためには、起こってしまった事故やけがに対する適切な対応や体制を確認しておくことも重要です。誰が何をするのかという順序や役割分担をマニュアル化したり、それをいつでも活用できるように準備しておくことも重要です。
　子ども達に対しては、危険について話し合ってみたり、ルールを決めたり、ポスターを作ったりと自分の身体は自分で守る意識を高められるような機会や場面を設定し、子ども達と一緒に考えてみることも、安全教育として重要な視点です。運動遊び中に「ヒヤリ」とした場面があれば、子ども達と話し合って自分の身体は自分で守る賢さを育てましょう。

表5−1　事故防止に必要なことがら

```
事故防止 ─┬─ 安全管理 ─┬─ 対物管理…施設や遊具の整備と点検・環境美化
          │            │
          │            └─ 対人管理…子どもの心身の状態把握と行動管理
          │                         非常時の体制整備（応急処置や医療機関への連絡など）
          │
          └─ 安全指導…安全な生活を送るための生活指導
```

出典：前橋明『幼児体育 ―基礎理論と指導の方法―』樹村房　2008年　p.136

（2）運動遊びにおけるリスク

ここでは、運動遊びにおけるリスクについて、さまざまな視点から考えていきましょう。

①リスクの特性

運動遊び中の子どもに関する主なリスクを挙げると次のように集約されます[1]。これらを日常の運動遊び（保育）時に念頭に置いた指導を心掛けましょう。

①身体機能の未熟さからくるリスク
②危険や安全に対する理解力や判断力不足からくるリスク
③子どもの性格（特性）や心身の状態にかかわるものからくるリスク
④危険回避の経験不足からくるリスク
⑤遊び・課題・難度と発達や年齢の不一致からくるリスク
⑥施設・環境・遊具・器具からくるリスク

たとえば、4歳児と5歳児数名が鬼ごっこをして遊んでいます。やる気満々の体格の良い子と、そうじゃない子がぶつかり「ヒヤリ」とする場面があったとします。この場合は、やる気満々という子どもの特性から、興奮状態で周りを見ていない様子が想像できるので③に該当します。体格差という視点では①にも該当します。さらに十分な広さを確保していなかったとしたら⑥に該当します。このようにさまざまなリスクに対して、その種類や性質、要因や誘因を具体的にとらえることが大切です。特に運動遊び中は「ヒヤリ」としたり「ハット」したりする場面が多々起こります。こうした「ヒヤリハット」を分析することもリスクマネジメントの大切な視点です。121ページに「ヒヤリハットシート」を掲載していますので、ぜひ活用してください。

②ハインリッヒの法則

ハインリッヒの法則（図5－1）は、1つの重大事故の発生に対して29の軽微な事故、300のヒヤリハットな事例が発生するというものです。数多くのヒヤリハット体験の時間的流れのなかに重大事故が潜在しています。まずは、ヒヤリハットな事例と認識する認知能力を高め、危険に対する予知能力を保育者自体が養うことが重要な課題となります。ある研究では、保育の実経験年数が増すほど他者にヒヤリハット体験を感じるとの報告がされています。このことから保育経験が危険予知能力を高め、その感覚を経験の浅い他者（保育者や保護者）と共有することが安全管理における「ヒヤリハット」の減少につながるものと考えられます。

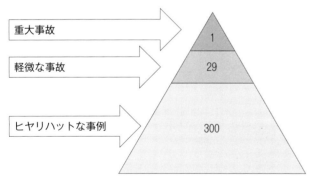

図5－1　ハインリッヒの法則（1：29：300）

【ミニワークショップ】

1　あなたがこれまでに経験した一番重大なケガや事故はなんですか？

2　1に対する軽微な事故を考えてみましょう。

3　2の誘因・要因となるヒヤリハットについて考えてみましょう。

③事故発生の傾向

（1）～（4）は保育所における事故の発生傾向を記したものです[2]。なぜこのような結果になるのか、また、この結果を踏まえて注意すべき点は何かを考えてみましょう。

（1）事故が発生した遊具は？
　　　1位：滑り台（19.7％）　2位：鉄棒、登り棒（15.3％）　3位：雲梯（10.8％）

　　　なぜこの結果になるのかな？：

　　　注意すべき点は？：

（2）事故の原因は？
　　　1位：転落、落下（56.6％）　2位：転倒（13.2％）　3位：衝突（12.8％）

　　　なぜこの結果になるのかな？：

　　　注意すべき点は？：

（3）保育園の月別事故発生件数は何月が多い？
　　　1位：6月（100件）　2位：5月（81件）　3位：7月（80件）

　　　なぜこの結果になるのかな？：

　　　注意すべき点は？：

（4）事故による損傷部位は？
　　　1位：顔面（64.8％）　2位：上肢（17.9％）　3位：頭部（10.0％）

　　　なぜこの結果になるのかな？：

　　　注意すべき点は？：

④緊急時対応

あなたの目の前で万が一事故が発生したら、はじめに何をしなければならないでしょうか？このことは、頭では理解していても、いざというときそう簡単に対処できるわけではありません。冷静かつ適切に対処できるよう、緊急時の対応を日頃からシミュレーションしておきましょう。園によって緊急時マニュアルは異なりますが、下記に例を提示します。参考にしてください。

*1　RICEとは捻挫時の初期処置4つの頭文字をつなげたものです。
　①安静（Rest）
　②冷却（Ice）
　③圧迫（Compression）
　④挙上（Elevation）

*2　「ABC」とは心肺蘇生の手順を3つの頭文字で表したものです。
　①気道の確保（Air way）
　②人工呼吸（Breathing）
　③心マッサージ（Circulation）
※AEDがある場合には使用

2．リスクを分析してみよう

（1）リスクの洗い出し

解答欄

①	⑦
②	⑧
③	⑨
④	⑩
⑤	⑪
⑥	⑫

（2）事故の分析および評価

次は実際の事故事例[3]を分析し、①原因、②対応、③問題、④再発防止策等の視点からリスクおよび事故対応について評価してみましょう。

＜ケーススタディ①＞

5歳児の跳び箱指導中に手首を骨折する事故が起きました。3段に挑戦するレーンと5段に挑戦するレーンの2か所を設定し、各跳び箱の脇には保育者が待機していました。保育者の合図でそれぞれ跳んでいましたが、5段に挑戦していた子どもが着地で体勢を崩し保育者が声をかけようと近づいた瞬間、次の子どもが跳んできたため、前の子どもの手首に着地してしまいました。痛がる子どもを病院に連れて行き、骨折という診断が下りました。

①原因
②対応
③問題
④再発防止策

＜ケーススタディ②＞

公立のある保育園で、散歩中に公園の雲梯から5歳児が転落する事故が起きました。5歳児は雲梯に飛びつこうとして落下しましたが、4人いた保育士はこれを見ていませんでした。変調がみられなかったことから、園は5歳児を夕方、保護者に引き渡しましたが、夜になって嘔吐したため受診したところ、脳内に血液がたまり、頭蓋骨にもひびが入っていることがわかりました。園は翌日に受診と傷害の事実を保護者から伝えられましたが、症状が軽いと判断して頭蓋骨のひびがわかった日まで町に報告していませんでした。

①原因
②対応
③問題
④再発防止策

＜ケーススタディ③＞

1歳の男児がプールで水遊びをしていました。プールのなかでひっくり返り、両手に玩具をもっていたので、自分で起き上がることができませんでした。顔に水はかかっていませんでしたが保育士は他児に目がいき、その状態に気づかず、他クラスの保育士が気づいて抱え上げました。直径1.5メートルで水深20センチぐらいのビニールプールに子どもの人数は4人です。保育士の人数は2人でした。

①原因
②対応
③問題
④再発防止策

【引用文献】
1）井筒紫乃・川田裕次郎監修・編著『幼稚園教諭・保育士をめざす 保育内容「健康」』圭文社　2010年
2）田中哲郎『保育園における事故防止と危機管理マニュアル改訂第4版』日本小児医事出版社
3）保育の安全研究・教育センター事故「傷害、ヒヤリハットの事例」2013～2015年
http://daycaresafety.org/news_2015.html#jiko2015

【参考文献】
石川昭義・大野木裕明・伊東知之「保育士のヒヤリハット体験」『仁愛大学研究紀要　人間生活学部篇　創刊号』2009年
兵庫県・公益社団法人兵庫県保育協会、掛札逸美監修「保育所におけるリスク・マネジメントヒヤリハット／傷害／発症事例報告書」2014年
平成27年度教育・保育施設等の事故防止のためのガイドライン等に関する調査研究事業検討委員会「教育・保育施設等における事故防止及び事故発生時の対応のためのガイドライン【事故防止のための取組み】～施設・事業者向け～」
http://www8.cao.go.jp/shoushi/shinseido/meeting/kyouiku_hoiku/pdf/guideline1.pdf

保育現場のヒヤリハットシート（事故回避事例報告書）

記入日　　年　　月　　日（　　）

●ヒヤリ・ハットした時の状況を記入してください。（いつ・誰が・どこで・何を）

●なぜ事故にならなかったと思いますか？

●このヒヤリ・ハットを予防するためには、どうすべきですか？

●事故発生日とその状況

①日時　　年　月　日（　）　午前・午後　　時　　分　天候　　　気温　　　℃

②場所　園内・園外　具体的な場所：

③事故が起きていたらどのような状況になっていましたか？（複数回答）
　□転倒　□転落　□衝突　□溺れ　□切り傷　□擦り傷　□刺し傷　□はさまれ
　□骨折　□ねんざ　□打撲　□ヤケド　□溺れ　□頭痛　□腰痛　□ショック症状
　□頭部　□顔面　□頸部　□腹部　□背中　□臀部　□腕　□手　□脚部　□膝　□足
　□有害動植物との接触　□凍傷　□交通事故　□誘拐　□不審者　□感電　□落下物

④起きそうになった事故の種類
　□子どもの負傷　□子どもがけがをさせそうになった　□保育者の負傷　□第3者が負傷

⑤起きそうになった事故の種類
　□手当程度の軽傷　□医療機関への受診　□3週間以上の重傷　□死亡につながる

⑥起きそうになった事故の頻度
　□初めて　□1週間に1度くらい　□1か月に1回くらい　□1年に1回程度

⑦起きそうになった事故の原因（複数回答）
　□人的要因（本人の心理・体調）　□人的要因（他人による）　□服装　□道具・遊具
　□道具・遊具の不備　□環境（空間の不適合）　□活動（能力等の不適合）　□天候・気温
　□説明不足　□指示の誤り　□人数不足　□報告の遅れ

Lesson 6 保育への導入・展開・応用の探求

1. 運動遊びの「ねらい」

運動遊びを保育に取り入れる場合、幼稚園教育要領、保育所保育指針、幼保連携型認定こども園教育・保育要領における保育内容の「健康」を十分に理解したうえで計画しましょう。「健康な心と体を育て、自ら健康で安全な生活をつくり出す力を養う」ために3つの「ねらい」が提示されています。

(1) 明るく伸び伸びと行動し、充実感を味わう。
(2) 自分の体を十分に動かし、進んで運動しようとする。
(3) 健康、安全な生活に必要な習慣や態度を身に付け、見通しをもって行動する。

これらのねらいを踏まえ、さらに園の方針や指針、教育目標に沿いながら年齢に応じた年間計画・月案・週案・日案へと一貫性をもたせて具現化していきます。こうした縦断的な計画に加え、Lesson 1・2で取り上げた運動遊びの意義や子どもの発育・発達を考慮しながら「ねらい」を設定しなければなりません。また、急速に変化する社会やグローバル化なども見据え、これまで実施されてきた体育・運動遊びに対し、新たな意義づけや価値づけが求められています。

それでは、どのように運動遊びにおける「ねらい」を設定すべきか考えてみましょう。特に指導案作成における「ねらい」に焦点を当て、3つのポイントを紹介します。

1つ目は、遊びや課題を通して達成する「付加価値としてのねらい」です。たとえば、運動会という行事やクラス対抗リレーという種目を通してクラスの団結力を高めるという場合の「ねらい」です。この場合、運動会という行事やクラス対抗リレーという種目がクラスの団結力を高めるという「ねらい」を達成するための「手段」として位置づけられます。

2つ目は、その遊びやスポーツ自体を楽しむことを目的として「ねらい」を設定する場合です。純粋にかけっこが楽しくて仕方がない2歳児や3歳児にとっては、運動欲求を満足させることが重要になるため、運動遊びそのものである「かけっこを楽しむ」ことを「ねらい」とします。また、数回の練習でドッジボールのルールを理解し、その楽しさに気づき、もっとやりたいという状況では、「クラスのお友達とドッジボールを楽しむ」ことが「ねらい」になります。

3つ目は、「ねらい」を設定する理由や背景についてです。子ども達の様子や特徴を踏まえて「ねらい」を設定したり、柔軟に変更したりすることが大切です。子ども達の興味・関心のあることを取り上げて「ねらい」とする場合もあれば、お友達とうまく遊べていない、教室での静的な遊びを好む子が多いなど、保育者として経験させたいと思うことを取り上げる場合もあります。

参考までによく用いられる例を表6-1にまとめました。楽しみながら「ねらい」について探求してみましょう。

表6-1 運動遊びにおける「ねらい」の例

運動遊びにおける「ねらい」の例
□〜に親しむ　□〜の使い方を理解する　□〜のルールを理解する　□クラスで〜に挑戦する　□〜を通して体力を高める
□〜を通して役割分担を学ぶ　□〜を通してお友達の存在に気づく　□〜を通してクラスの団結力を高める
□〜を通して自分の体力を知り健康について理解する　□目標をもって〜に挑戦し、あきらめずに最後まで努力する
□〜を通して成長を実感する　□親子体操を通してスキンシップの方法を保護者へ伝える、保護者間の交流を図る　など

出典：筆者作成

2．導入のコツと一工夫

　子ども達が意欲的に運動に取り組むためには、「なんだかおもしろそうだね」、「やってみたいな」と思える導入が不可欠です。主となる遊びや課題に取り組む前に、ユーモアと遊び心のある説明や段階的に難度を引き上げていくことによって、子どもたちを運動遊びの世界に引き込むことが大切です。導入の良し悪しによって同じ遊びや課題のおもしろみが増大したり、半減したりすることもありますので、しっかりと準備して指導案を計画しましょう。下記に導入のポイントを5つの視点から紹介します。

（1）段階的指導法とかけひき型の説明

　段階的指導法とは、主となる遊びや課題を取り上げる前にできるだけ簡単なものからはじめ、徐々にレベルを上げていく方法です。ポイントは、誰にでもできそうな簡単な見本を見せてから「こんなことできるかな？」という質問をすることです。ほとんどの場合に「できる〜」と自信たっぷりに答えてくれるので「本当に？じゃあ全員でやってみるよ」と返しながら実施し、「次はこんなのはできるかな？」と主となる遊びや課題に近づけていきます。このように「かけひき」を楽しみながら「小さな成功体験を積み重ねること」が子ども達をその気にさせるポイントです。また、できないことや失敗した場合に笑って楽しめる雰囲気づくりも大切なポイントです。

（2）「ストーリーテリング」で子ども達を遊びの世界へ引き込もう！

　実施する遊びの動き・特徴・ルールなどを素話や寸劇で説明したりやってみせることで、子ども達の創造力と意欲が驚くほど向上します。登場する人物やキャラクターなどの世界に引き込みながら導入・展開していきます。その際、お面やしっぽなどの小道具を子ども達と一緒に準備するのも導入として効果的です。ネコとネズミ等の関係性や絵本に出てくるストーリー等を鬼ごっこや集団遊びのルールに応用しながら、遊びの世界に引き込んでみましょう。

（3）行事や季節を活用しよう

　保育現場には、さまざまな行事があります。公園や動物園、水族館への遠足などの行事をうまく活用することもできます。昆虫や動物の動きや生態を子ども達と観察したり、調べたりしながら課題や遊びに結びつけていくことも効果的です。大きな動きや素早い動き、ジャンプや奇妙な動きなど模倣表現として導入に活用してみましょう。

（4）日常の出来事や話題を活用しよう

　日常の話題や出来事から導入につなげることもできます。何気なく行っているサーキット遊びより、オリンピックイヤーであればテレビで観たことのある種目を聞いて、その種目の要素を取り入れてみると、まるで選手になったかのようにモチベーションが上がります。遊びのタイトルを「〜オリンピック」「〜選手権」と工夫してもよいでしょう。また、プロジェクト会議を開いて話し合いを行い、園全体で競技会場を子ども達と一緒に作ってみるのもよいでしょう。

（5）道具に親しむ遊び

　導入として一般的に行われるのは、道具に親しむ遊びです。縄跳びであれば、跳ぶという本来の目的の前に縄を使ってしっぽ取りを行ったり、ぐにゃぐにゃヘビなどの遊びを通して縄に親しむことから始めるとよいでしょう。マット運動も同様に魔法の絨毯をしてみたり、トンネルを作ったり、押し相撲をしてみたりと、マットだからできるさまざまな遊びを導入として工夫することができます。道具を使う場合は、危険をコントロールしながらその使い方を発展・応用できないか、自身のレパートリーを増やしておきましょう。

　上記に示した通り、設定する遊びや課題によって導入の意義は大きく異なります。また対象年齢に合わせて一工夫するだけでその内容や成果が大きく異なることもあるでしょう。ぜひ、その工夫を子ども達と楽しみながら、保育技術としての「引き出し」をたくさん作ってください。

3．展開・まとめの探求

　一斉活動としての運動遊びや幼児体育では、ベテランの保育者であっても指導案通りに展開できないことが多々あります。しっかりと準備・計画し、失敗を恐れずに挑戦することが大切です。上手くいかなかった場合は、原因や課題を探りながら保育者としての専門性を高めましょう。ここでは、設定した時間のなかで運動遊びを展開・まとめる際のポイントを3つ紹介します。

（1）体制を整える

　主となる遊びや課題を説明する際のポイントは、説明をしっかり聞く体制を整えることです。これは日々の保育のなかで積み重ねることでもありますが、子ども達がルールやコツをしっかりと聞いてイメージを膨らませることがはじめの一歩となります。単純ですが、座って聞く、お話をしている人を見る、お話を聞いて想像するという姿勢と体制を整えましょう。

（2）説明のポイント

　次に説明のポイントです。うまくいかない場合のほとんどは、言葉に頼る説明になっているからです。マット運動の前転を口頭で説明してみてください。間違いなく長くて難しい説明になるはずです。ポイントは、「こうしてみよう」「コツはこうだよ」と、動きや動作を適切に活用しながら目に見える説明を行うことです。イメージしやすくなるだけでなく、やってみようという意欲につながります。この補助動作は、失敗例を見せて何が失敗なのかをクイズにしたり、上手な子に先生役として見本になってもらったりと、工夫次第で一方的な説明から参加型の説明に転換することができます。

　もう1つ重要なことは、テンポよく進めることです。子ども達が集中して説明を聞ける時間は長くはありません。できるだけ短く、わかりやすく、ユーモアのある説明を心掛けましょう。

（3）活動中の役割

　説明が終わり、遊びやルールを理解した後は子ども達が実施します。その際、保育者としてどのような役割を果たせばよいのでしょうか。4つの役割について紹介します。

①**応援隊**：応援する・応援されるという関係のなかで、あきらめずに一生懸命取り組むことの大切さを子ども達に伝えることが大切です。実際に周りの友達の応援に背中を押されたり、みんながいてくれたからできたという経験のある人も多いのではないでしょうか。子ども達と一緒に、がんばっている人を勇気づけて応援する「応援隊」になりましょう。

②**助言者**：できそうな気がしていない子やあきらめかけている子に対しては、応援するだけでは達成感や満足感を得させることはできません。その子がなぜできないのか、やろうとしないのか、恐怖と感じているのかなどさまざまな視点から原因を探求し、対話を通して適切な助言を行う必要があります。特に技術の伴う課題はその構造を深く理解しておきましょう。

③**促し役**：設定した遊びの難度や複雑さと年齢や発達段階が合っていなかったり、想像以上に盛り上がらなかった場合、子ども達の動きを促したり、盛り上げたりと瞬時に軌道修正する促し役が必要となります。「あっちへ逃げるぞー」と逃げ方や逃げる方向を一緒に遊びながら伝えたり、運動量を確保したりと子ども達の様子や遊びの状況を瞬時に分析・判断して、ねらいを達成できるよう促すことも重要な役割です。

④**教育者**：設定した時間の最後にはどこが良かったのか、なぜ良かったのか、何を学んだのかなどを子ども達に伝える教育者としての役割も大切です。「楽しかったですか？」という「楽しさの押し売り」ではなく、子ども達の気づきや小さな発見、うれしくなるような行動や発言など、プロセスをしっかりと観察しながら一人ひとりの出来事に意味と価値をみつけましょう。どのような終わり方を理想とするのかも重要な視点です。素敵なメッセージを送るのか、モチベーションを高めて次につなげるのかは、教育者としてのあなたの腕の見せ所です。

4．振り返りの視点とポイント

これまで、運動遊びを実施する際のねらい・導入・展開・まとめのポイントについて紹介してきました。子ども達が運動遊びを楽しみながら満足感や達成感を得て、自己の成長を実感できるような保育を展開できる実践力を養うためには、日頃から保育内容を振り返ることが重要です。下記に、振り返るためのポイントを整理しました。3つの視点とチェックリストを参考にしながら、運動遊びにおける保育者としての専門性を高めましょう。

（1）環境構成
- ☐ 子ども側から見た時に、いろいろなものが視野に入らない集中できる立ち位置だったか。
- ☐ 子ども達の動きを予測し、動線が重なる場所の安全管理・確保ができたか。
- ☐ 順番を待つ場所や指示が明確だったか。
- ☐ 待っている子ども達が他の子どもの様子を見たり応援できる位置にいたか。
- ☐ 遊具や用具の選定・配置は、子どもの特性や発達段階、技能に合っていたか。
- ☐ 遊具や用具の使い方が限定されず、幅広く応用できていたか。
- ☐ 遊具や用具の個数を確保したり、大切に使う気持ちを育めていたか。
- ☐ 事前に道具・遊具・広さ・服装・性格等の安全面を確認したか。

（2）保育内容
- ☐ 前回からの継続性や連続性、子ども達の様子などを配慮して十分な計画や準備を行ったか。
- ☐ レパートリーやバリエーション（方向・スピード・回数等）を用意していたか。
- ☐ 集合や説明時の約束事を事前に考えていたか、伝えていたか。
- ☐ 導入で子ども達を引き付けることができたか。
- ☐ 説明したことを子ども達は、理解できていたか。もう少し工夫できる点はなかったか。
- ☐ テンポよく展開することができたか。間延びしたり、飽きてしまう場面はなかったか。
- ☐ 設定した内容やねらいは達成されたか、子ども達の様子から活動は適正であったか。
- ☐ 設定した通りにタイムマネジメントができたか。
- ☐ 満足感が得られたり、次につながるまとめ方・終わり方ができたか。

（3）子ども達の様子と保育者
- ☐ 十分な運動量を確保することができたか。
- ☐ 子ども達が設定した課題・内容・遊びに興味・関心を示していたか。
- ☐ 子ども達が真剣に取り組んでいたか、熱中・没頭していたか。
- ☐ 子ども達のイメージや主体性を尊重できたか。
- ☐ 勝敗という結果ではなく、そのプロセスを大切にすることができたか。
- ☐ 子ども達が成長を実感できる出来事やエピソードを見逃していないか。
- ☐ 子どもの想い（悔しさ、怒り、うれしさ、つまらなさ）を引き出し、寄り添うことができたか。
- ☐ 失敗や負け等の上手くいかない経験を次に活かせるよう配慮できたか。
- ☐ 保育者である自分も子ども達と一緒にワクワクしたり、感動したり、楽しむ事ができたか。
- ☐ 保育者である自分が主役になっていなかったか。子ども達から、何を学べたか。

【参考文献】
文部科学省『幼稚園教育要領解説』フレーベル館　2008年
厚生労働省『保育所保育指針解説書』フレーベル館　2008年
内閣府・文部科学省・厚生労働省『幼保連携型認定こども園教育・
　保育要領解説』フレーベル館　2016年

Lesson 7 運動遊びアラカルト

1. 運動と学力のよい関係

近年、特に都市部では小さい頃から受験競争が始まっており、幼稚園や小学校受験のために塾に通っている子どもも少なからずみられます。子どもにとっては「遊ぶことが仕事」とよく言われますが、遊ぶ時間を減らしてまで塾に通うことで学力は向上するのでしょうか。

毎年、小・中学生を対象に、「全国体力・運動能力、運動習慣等調査」（小5、中2）ならびに「全国学力・学習調査」（小6、中3）が実施されています。これら調査結果の都道府県別順位において、福井県や秋田県が両調査とも上位であることが度々メディアにも取り上げられており、実際に両調査の結果には関係があることも報告されています[1]。また、海外の研究においても、身体活動が多い子どもほど学力が高いという関係も示されています[2]。さらにアメリカでは、授業の1時限目の前に運動を行う取り組み、通称「0時限体育」を行ったところ、学業成績が向上したという例もあり[3]、勉強だけでなく運動をすれば学力が向上する可能性が考えられます。それでは、実際に学力が高い人たちは、幼少期にどのような生活を送っていたのでしょうか。

筆者らが2014（平成26）年に東京大学に入学した学生70名（男性：45名、女性：25名）を対象に、幼児期によく行っていた遊びについて調査を行ったところ、あまり身体を動かさないような遊びよりも、身体を多く動かすような遊びをたくさん経験していることがわかりました（図7－1）。さらに、小学生の時に行っていた習い事を調査した結果、スイミングが半数近くの33名（47.1％）と一番多く（二番目はピアノで30名（42.9％））、スイミング以外の運動・スポーツ系の習い事（野球やサッカー、テニス、バレエなど）を含めると、半数以上の学生は小学生の時に学校以外で運動を行っていました。

身体を多く動かすような遊びをたくさん行ってスイミングに通えば学力が向上するということではあ

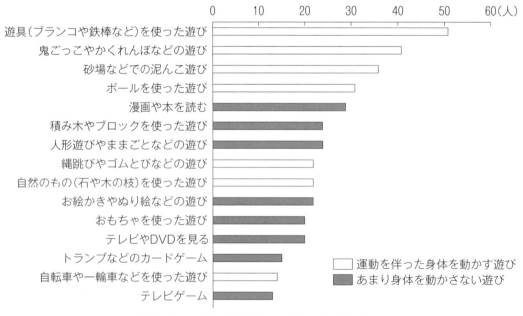

図7－1　東大生が幼児期によく行っていた遊び
出典：筆者作成

りませんが、これらの話をまとめると、運動そのものが学力向上に対してネガティブに働くことは考えにくく、むしろポジティブに働くことが予想されます。特に、幼児期は脳が大人と同じくらいまで発育することから、その時期に運動という刺激を与えることは、身体の成長はもとより、脳の成長にとっても重要であることが考えられます。子どもは大人と違い、自ら環境を選ぶのではなく与えられた環境で育っていきます。子どもに関わる私たち大人が運動の価値を知り、勉強時間確保のために運動する時間を減らすなどといったことがないよう、運動欲求を引き出してあげることができればと思います。

2．たくさん歩こう

　幼児の歩数は1日当たり平均12,000歩～14,000歩程度であり[4-6]、昔に比べて減少傾向にあることが報告されていますが[6]、それはなぜでしょうか。たとえば、移動手段を考えてみると自動車や自転車の普及など交通手段が発達し、エレベーターやエスカレーターなどの普及による階段利用の減少など、あまり歩かなくても目的地まで簡単にたどり着くことができるようになっています。また、遊びを成立させる要素とされている3つの間（空間、仲間、時間）の減少や交通事故や犯罪といったことからの危険回避の観点などから外で遊ぶことが少なくなっていることも、1つの要因だと思われます。さらには、情報機器の発達に伴いテレビやインターネット、携帯型ゲームなどに接する時間が増加し、結果として子どもたちの生活から「歩く」という行動が奪われつつあります。それでは、歩数の減少は子どもにとってどのような影響があるのでしょうか。

　歩数の減少はそのまま身体活動量が減少していると考えることができますが、身体活動量の減少は生活習慣病などにつながり、意欲の減退なども引き起こすことが考えられ、心身の健康にとって悪影響を及ぼすことが予想されます。また、幼児期に身につけるべき能力とされている「調整力（リズムやタイミング、バランスなど）」は日常の歩数が多い方ほど優れていることが報告されています[4]。このことから考えると、調整力が最も発達する幼児期に歩数が減少してしまうことは、その後の運動能力にも影響を及ぼしかねません。このように、子どもにとって歩数の減少は、決して好ましくないことが考えられます。

　子どもは歩いていても普通に歩くことは少なく、縁石にのったり、横断歩道では白線の部分だけ足をついたりするなど、歩くことが遊びの一環になっていることも多くあります。また、大人には何気ないちょっとした上り坂や下り坂でも、身体バランスが不安定な子どもにとっては困難なこともあり、バランス能力をはじめとする多くの運動能力を自然と身につける絶好の機会となります。さらに、私たち大人もゆっくり外を歩いてみるといろいろな発見があるように、子どもにとっても外はたくさんの発見がある場所でもあります。このように、大人にとってはただ「歩く」という行動も、子どもにとっては非常に多くの要素を含んだ意味のある行動といえます。

　運動をすることはもちろん大切ですが、普段からあまり身体を動かさない子どもにとって、いきなり「運動をしましょう」というのはハードルが高いばかりか、運動嫌いを助長させる原因になりかねません。近年、歩数計に育成ゲームを搭載したものや、位置情報を活用したＡＲ[*1]ゲーム（たとえばポケモンＧＯ）など、ふだん「歩く」という行動が少ない人にとっても、楽しみながら歩くことができるツールも登場しています。身体を動かすことが億劫になっている子どもには、こういったツールも上手く活用しながら（決して頼るのではなく…）、無理に運動をするのではなく、まずは外に連れ出して「歩く」という行動から始めてみることが大切です。

＊1　Augmented Reality：オーグメンテッド・リアリティ（拡張現実）

3．子どもの運動を習慣にするために

この本を手に取っている「大人」のみなさんは、どれくらいの割合で運動が習慣化しているでしょうか。文部科学省の推計によると、成人の週1回以上のスポーツ実施率は42.5％（平成28年度）[7]ということが示されています。特に、60歳代以上の世代に比べ20歳代～40歳代の世代はその割合が低く（図7－2）、背景には仕事や子育てなどに時間が割かれており、スポーツを実施する時間が確保できないという問題があります。しかし、どんなに忙しくても習慣になっていることには、そのための時間をつくるのではないかと思います。運動も習慣になっていれば「運動をする時間がない」のではなく、「運動をする時間を確保する」のではないでしょうか。

私たち人間の行動は環境によって左右されることが知られています。たとえば、東京と北海道の子どもの歩数を比較した研究では、北海道の子どもの方が自宅から学校までの距離が遠く、登校時の移動手段としてスクールバスや自家用車などを用いることも多いため、歩数が少ないことが報告されています[8]。また、西日本に比べ北日本において肥満傾向児の出現率が高くなることがわかっています[9]。北日本は特に冬場、雪の多さや日の入りの早さなどが原因で外での活動が難しいことなどが要因の1つではないかと思われます。このように、住んでいる地域に依存するような環境を変えることは難しいですが、変えることのできる環境もあります。それは、子どもが接する大人が与える環境です。

従来「成人病」とよばれていたものが、1996（平成8）年に現在の「生活習慣病」に名称が変更されました。その背景には、大人だけでなく子どもにおいても「成人病」と同じような症状が多くみられるようになり、加齢によって起こるものではなく、個々の生活習慣が深く関与していることが明らかになったことが挙げられます。子どもの生活習慣は家庭を中心に形作られるものであり、親のライフスタイルが子どもに影響を与えることは言うまでもなく、それは運動習慣についても同様です。子どもには身体を動かすという欲求が備わっていますが、いつの間にか大人のようなライフスタイルになり、身体を動かすことが少なくなってしまいます。ある研究では、休日における子どもの歩数は両親の歩数に影響を受け、特に父親の歩数が影響していることが報告されています[10]。つまり、子どもに運動習慣を身につけさせるには、まず私たち大人が運動習慣をもつことが大切なのではないでしょうか。いくら大人が子どもに対して「運動をしなさい」と諭しても、決して子どもが運動する習慣が身につくものではありません。私たち大人が運動する姿をみせることで子どもが興味を示し、一緒に身体を動かすことで運動が楽しいと感じるようになれば子どもは自ら運動をするようになり、それが習慣になると考えられます。運動習慣が身についていない大人が運動習慣を身につけることは非常に大変ですが、特に幼児期の子どもに接する保育者や保護者は、運動習慣を子どもと一緒に身につけ、運動を行う環境を与えることが大切です。

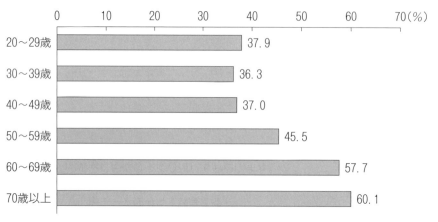

図7－2　成人（年代別）の週1回以上の運動・スポーツ実施率
出典：文部科学省「体力・スポーツに関する世論調査（平成25年1月実施）に基づく推計

4. 北欧諸国の事例紹介①
—フィンランドの運動遊び—

ここでは、教育の分野で世界から注目されているフィンランドの事例を紹介します。現在、WHO（世界保健機関）をはじめとして世界の多くの国々が「毎日、合計60分以上の中強度から高強度の身体活動」を推奨しています。日本も「幼児期運動指針ガイドブック」などで同様に推奨していますが、なんとフィンランドではその2倍にあたる「毎日の合計で2時間の運動」を取り入れることを推奨しているのです。それは保育園でも同様であり、どのように実践されているか非常に興味深いと思ったのです。そこで、ある保育園（2016年8月訪問）で実施されていたスポーツの内容と担任の先生へのインタビューを紹介します。

> スポーツ・運動の頻度は週に1回程度で、運動場（体育館）で行います。それ以外は毎日の外遊びやふだんの生活のなかで2時間の運動を取り入れるようにしています。大きな枠組みや計画はありますが、大切にしていることは「子どもが決定に参加する」ということです。先生も提案を行いますが、子どもの反応や意思を大切にして決定するようにしています。今回の教育改革（2016年9月）から、特に子どもの意思を受け入れ、汲みとらなければならなくなっています。運動に関しては、1日2時間の運動要素を取り入れるよう工夫し、はじめは運動を怖がっていましたが、運動が上手になってきた実感があります。

注目すべきは、「子どもが決定に参加する」という点です。写真①は日本でもおなじみのサーキット遊びです。このサーキットの内容は子ども達と対話し、子ども達のやりたいことを汲みとって一緒に設定しているようです。筆者が幼児体育指導者として指導をしていた際は、年齢やクラスの様子は考慮したものの、年間カリキュラムと指導案は担任と相談して決定していました。子どもと相談するというより、いかに子ども達を楽しませるか、満足させることができるかということばかり考えていました。園の先生方からもそのことを期待されていたように思います。

一方、フィンランドのこの園では子ども達が自分のやりたいことを表明し、大人との対話や子ども同士の対話によって子ども達が自ら決定に参加するという点において大きな違いがあります。この園の保育目標の1つに「子どもの権利」とありました。そして、スポーツの時間においても、このことをしっかりと根底に据えて幼児の運動が実践されていたのです。一方的な体育指導ではなく、子どもと一緒に健康や運動について時間をかけて対話してみることで、これまで思いもつかなかったアイディアが生まれるかもしれません。

さらに、この園では日常の園生活のなかにも運動の要素を取り入れる工夫をしています。日本において廊下は走らない・騒がない場所というのが一般的ですが、写真②のようにあえて廊下に遊具が置いてあったり、写真③のように廊下の壁にさまざまな動きの「指令書」が張ってあったりと、運動を促す具体的な取り組みを見て取ることができます。

このような海外の事例から、日本において踏襲されてきた幼児体育・運動遊びの実践について、一度立ち止まり、今まさにその意味や価値を問い直すことが求められているように思います。

「あなたが保育者だったら、どのようなことを大切にして運動遊びに取り組みますか？」

写真①サーキット遊びの様子

写真②廊下に運動を促す遊具の配置

写真③廊下に張られた手形足型

5．北欧諸国の事例紹介②
―デンマークとスウェーデンの自然保育―

（1）外遊びのすすめ

　みなさんは、ぐっすり眠った翌日、朝日を浴びると妙にやる気が満ちているといった経験はありませんか？それは、セロトニンという脳内物質の分泌により体内時計を整え、脳と体を目覚めさせ、心のバランスを整えているためです。このセロトニンの分泌を増やすためには、朝の光を浴びること、朝食をしっかりと食べること、そして日中に体を動かして遊ぶことが有効だと言われています[11]。特に幼児期の外遊びは、生活習慣を整えるうえで大きな役割を果たします。そこで、筆者が継続して調査訪問している北欧2か国における外遊びの事例を紹介します。

（2）デンマークの森の保育園

　森の保育園は、首都コペンハーゲン近郊で特定の園舎や敷地をもたず、自然を教育環境と考えた保護者らのグループによって1960年代に創設されたといわれています。その後、デンマーク全土、ドイツ、スウェーデンに広がり、日本や韓国においても実践されるようになりました。特徴は、1年中自然豊かな森で外遊びが展開されることです。写真①のように、木登りやぶら下がりに挑戦する子、小枝で演奏を楽しむ子、倒木を平均台のように渡ろうとする子、切株からのジャンプを楽しんでいる子など紹介しきれないほどの運動をともなう遊びが行われます。人工的な遊具がなくても、何かに見立てて遊ぶ工夫や想像力、チャレンジする心、自己決定する力など自然という環境が子ども達の心と体を大きく育みます。また、デンマークの保育者や大人達は一人の人間として子どもを尊重し、子どもたちがもっている力を信じて見守ることの「大切さ」と「難しさ」を知っています。このような関わりが、子どもの自尊感情を育み、自然環境を最大限に活用しながら保育を実践するための鍵となっているようです。

（3）スウェーデンのアウトドア教育

　スウェーデンでは、アウトドア教育を積極的に取り入れている保育園が少なくありません。日本でアウトドア教育というと、自然豊かな場所をイメージするかもしれませんが、スウェーデンでは、主に園庭を活用した屋外活動として実践されています。たとえば写真③のようにお集まりや火を囲んで音楽を楽しむためにティーピーテントがあったり、アスファルトに巨大なお絵かきをするアートの時間があったり、ボーリングやおにごっこをしながら数字を理解したりと非常にユニークです。それぞれの遊びや活動には明確な意図やねらいがあるようです。効果としては、子ども達の遊びや活動へのモチベーションが上がり、病欠する子どもの割合が減少したとの報告もあるそうです。ある園の園長先生が、「屋内でできることで、屋外でできないことはない」と力強く語っていたのも印象的でした。日本においても、外遊びや園庭の環境を改めて見直し、横断的に遊んだり学ぶことのできる魅力ある園庭を子ども達と一緒に作ってみてはいかがでしょうか。

写真①木の根っこで遊ぶ様子

写真②朽ちた倒木で遊ぶ様子

写真③園庭中央のティーピー

写真④園庭外周の仕掛けの一部
ジャンプの指令書

6. 保幼小連携と運動遊び

　現在、幼稚園・保育所・認定こども園と小学校では、相互に授業や保育を参観し合ったり、合同の交流活動あるいは異年齢で実施する行事等を企画するなど、子ども達や保育者・教員の交流が進んできています。これらは、就学前の子ども達がスムーズに小学校での生活や学習へ適応できるように工夫している5歳児向けの「アプローチカリキュラム」として多く見られます。また、幼稚園・保育所・認定こども園などでの遊びや生活を通した学びと育ちを基礎として、就学後も子ども一人一人が自信や意欲をもって活動していくことができるようにつながりを見出す「スタートカリキュラム」も含め、それぞれの自治体で工夫しながら保幼小接続期カリキュラムが取り組まれています。

　これらを踏まえ、遊びを通して幼児期に育みたい資質や能力は、図7-3のように3つの柱（「知識・技能の基礎」、「思考力・判断力・表現力等の基礎」、「学びに向かう力・人間性等」）としてまとめられています。実は、よく見てみると幼稚園・保育所・認定こども園で取り組んでいる保育内容5領域（「健康」「人間関係」「環境」「言葉」「表現」）と共通していることがわかります。小学校での学びの先取りが大事ということではなく、その基盤となる育ちが重要だということです。

　保育内容は、その一つひとつの項目を目標にして活動を組むのではなく、それぞれの領域が総合的に関わり合い保育が展開されています。特に運動遊びでは自分の身体のコントロールをはじめ物の操作、友達と協力するなかで話し合いや自分の思いを伝えるなどさまざまな人やモノと試行錯誤する機会も多く、身体的・精神的な発達、知的発達、そして社会性と幅広い発達を身につけることができることを思い出してみてください。

　乳幼児期に運動遊びを思い切り楽しむ経験が、自ずと小学校での生活や学習の機会でも意欲的に自己発揮していく基礎となることを意識し、積極的に取り組んでみましょう。

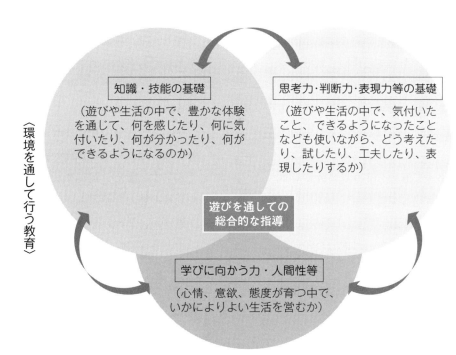

図7-3　幼児教育の段階で育みたい資質・能力の3つの柱
出典：文部科学省「次期学習指導要領に向けたこれまでの審議のまとめ（平成28年8月）」2016年

7．私の保育体験談①
　　保育者の「願い」と
　　子どもの「思い」のあいだ

　私は大学を卒業後、新社会人として初めて保育に関する仕事に携わったのは児童福祉施設の1つである児童館（児童厚生施設）でした。主な業務は、0歳児から小学6年生までの子どもたちに対して、遊びのプログラムを企画・運営することです。

　午前中は、主に未就学児をもつ親子が来館します。新卒で就職した私は、大学で学んだ多くのことを実践の場で生かしたいという思いが強く、このとき、働くことに非常に意欲的でした。現場で働きながらも、子どもたちが喜んでくれる遊びを実施したい一心で、日々、夜遅くまで乳幼児向けの遊びの勉強をし、土日を返上して遊びを展開するための下準備を熱心に行う、という毎日でした。今思い返しても、あの時ほど「子どもたちの笑顔のために」という気持ちで、懸命に仕事に取り組んでいたことはないと思えるぐらいです。そして、子どもたちもその親御さんも、私が考えた遊びのプログラムを楽しんでくれている様子が伝わってきて、そのことに喜びを感じながら日々の仕事に取り組んでいました。

　しかしながら、ある日、いつものように私が計画した運動遊びのプログラムを終えた後に、私は驚く光景を目にすることになります。それは、いつしか子どもたちが、なんと、私の計画した遊びが終わることを遊びながらも今か今かと待っている、というものでした。そして、遊びのプログラムが終ると同時に、子どもたちはとっても嬉しそうに自分の好きな玩具や遊具の方に駆け出して、自由にのびのびと遊び始める、というものでした。

　その時の私は、「あんなに一生懸命計画したのに」という気持ちで、とても落胆しました。子どもたちのために勉強をして、発育・発達にあわせた、また、季節に応じた遊びを展開しているつもりなのに、なにがいけなかったのだろう……と悩みました。

　その後、保育の現場の経験を数年積んで子どもの姿を冷静にとらえることができるようになったときに、なぜ、当時、そのような子どもたちの姿を目にすることになったのか理解しました。

　それは、「あんなに一生懸命計画した」からこそ、だったのです。私が子どもたちの発育・発達の段階にあわせた遊びを文献で学び、計画した内容そのものは間違っていなかったでしょう。私が見落としていたのは、計画に没頭するあまり、目の前にいる子どもたちの「○○したい」という遊びへの欲求でした。たとえ同年齢同月齢の子どもでも、一人ひとり、心の内側にもっている欲求は、全員が異なるものです。また、その日の天候や一緒に遊ぶ子どもたちの人数、体調、前日にどんな遊びをしたのか、遊び場の環境、周りに置いてあるものによっても、「たった今、○○がしたい」という子ども達一人ひとりの遊びに対する欲求の内容は変化します。

　保育者が遊びのプログラムを展開する場合、自由に来館する子ども達全員、もしくは、保育所や幼稚園でも、全員の欲求にすべて答えた内容を実施することは不可能といえます。しかし、子ども達が意欲的に遊び、一人ひとりがもっている「○○したい」という想いを叶え、その遊びに満足するために、どのように全体の遊びを展開していくか、は工夫次第で実現できます。その工夫とは、保育者が計画した遊びであっても、その内容のなかで、子ども一人ひとりが自由な発想で、自由に動くことができるような内容を組み込むことです。

　たとえば、動物のまねっこ遊びであれば、保育者が動物をあらかじめ準備するだけでなく、どんな動物になっても、そしてその動物になってどのような動きをしても良いことにします。そのようにすることで、ある程度の枠組みがある遊びでも、そのなかで子ども達は自由に自分の好きな遊びを行うことができます。また、遊具や玩具で遊ぶ場合、その遊具や玩具の魅力を子ども達と一緒に共有しますが、どう遊ぶか、それらをどんな風に使うのか、というのは子ども達の自由な発送に任せます。そこでは、子どもたちの思い思いの方法で、保育者が考えもしないような発想で遊ぶ姿も見られることでしょう。

8．私の保育体験談②　"なにもない"ということの意味

　子ども達の遊びたいという衝動を大切にする、ということに関して、もう1つ、私の経験を述べたいと思います。それは、オセアニアに位置するバヌアツ共和国という国で目にした光景です。私は、JICA（国際協力機構）から派遣される青年海外協力隊として、バヌアツに派遣され、中高一貫校にて、保健体育教師として3年間活動しました。活動の中心は、中高生に保健体育を教えるというものでしたが、配属された学校が位置する村には幼稚園がなかったため、就学前の子どもたちに対して遊びの指導も行っていました。

　バヌアツは、開発途上国であり、学校も社会教育施設も、十分な設備が整っていません。特に就学前の子どもたちのための遊具や玩具は皆無であり、幼稚園も保育所もないため、保育者もひとりもいないような状況です。

　しかしながら、日本人の私からみれば、いわゆる「なにもない」ような状況で、バヌアツの子どもたちはなんと、存分に体を動かし、のびのびと、元気いっぱいに遊んでいたのです。つまり、遊びのプログラムがなくても、遊具や玩具がなくても、そこにある与えられた環境のなかで、子どもたちは自由に発想し、自然のなかにある木の枝や石ころや葉っぱなど身近なものを自由に使い、また、原っぱを駆け回ったり岩に登ったりして、一人ひとりの思いのままに、満面の笑みで遊んでいたのです。このときの私は、子ども達が潜在的に有している豊かな想像力や、遊びたいという想いに忠実になっている子どもたちの姿に感動を覚えたものでした。

　上智大学名誉教授の渡部昇一氏は、著書『人間らしさの構造』のなかで、「機能快」について述べています。機能快とは、すでに自分のなかに備わっている能力を運用することが快感である[12]、ということです。子どもでいえば、たとえば話せるようになる言語運用能力や、2本足で歩く能力というのは、義務感でそうしなければならないのではなく、それぞれの能力を機能させることが快感だから子どもたちは行っている、ということです。子どもに内在する能力、つまり潜在力を機能させるようになることは、自己の可能性の実現であり、快感であり、子どもにとってはその時点における生きがいである、と述べられています。

　つまり、子どもの心の内側にある「○○したい」という欲求を大切にして、それを機能させ、快感を得ることが、子どもにとって満足する遊びであり、充足であるのです。これは、大人が良かれと思って準備した遊びのプログラムを「子どもたちにやらせる」という視点とは大きく異なります。遊びのプログラムを計画すること自体が間違いであるわけではありません。しかしながら、ややもすれば保育者が計画した遊びを実施することに懸命になることで、子どもの快感や体を動かす喜びを奪ってしまう可能性がある、ということは、いつも忘れずにいたいものです。

　目をキラキラと輝かせ、夢中になって目の前の遊びに時間を忘れて没頭する。そんな子ども達の姿をイメージしながら、遊びのプログラムを計画していきましょう。もちろん、保育者自身が自分の想いに忠実に、楽しみながら！です。

写真①広々とした運動場

写真②バヌアツと子ども達と筆者

【引用文献】
1) 生駒忍「体力は経済力とは無関係に学力と相関する－小・中学生全国調査データの定量的検討－」『チャイルド・サイエンスVol.7』日本子ども学会　2011年　pp.54-57.
2) Singh A, Uijtdewilligen L, Twisk JW, van Mechelen W, Chinapaw MJ. Physical activity and performance at school : a systematic review of the literature including a methodological quality assessment. Arch Pediatr Adolesc Med. 2012;166(1): 49-55.
3) John J. Ratey著、野中香方子訳「第一章 革命へようこそ－運動と脳に関するケーススタディ」『脳を鍛えるには運動しかない！』日本放送出版協会　2009年　pp.15-46.
4) 加賀谷淳子「幼児の身体活動量と運動強度」『体育の科学Vol.58』杏林書院　2008年　pp.604-609.
5) 田中千晶・田中茂穂「幼稚園および保育所に通う日本人幼児における日常の身体活動量の比較」『体力科学Vol.58』日本体力医学会　2009年　pp.123-130.
6) 中野貴博・春日晃章・松田繁樹「幼児における一日の運動強度の変化パターンの分類と平均歩数および生活習慣、健康状態との関係性」『発育発達研究第70号』日本発育発達学会　2016年　pp.55-65.
7) スポーツ庁『スポーツの実施状況等に関する世論調査』2016年
http://www.mext.go.jp/sports/b_menu/sports/mcatetop05/list/1371920.htm
8) 小澤治夫・樽谷将志・小林博隆「子どもの歩行運動」『体育の科学Vol.56』杏林書院　2006年　pp.786-790
9) 黒川修行・中原（権藤）雄一「近年の子どもたちの肥満について－平成27年度学校保健統計調査報告書から見えてきたこと－」『健康教室Vol.67 No.8』東山書房　2016年　pp.76-79.
10) 松岡優・村田光範「両親の運動習慣及び幼児の生活習慣と幼児の運動量との関係」『厚生科学研究報告書：子ども家庭総合研究事業 平成11年度（第3／6）』2000年　pp.238-239
11) 「早寝早起き朝ごはん」全国協議会「早寝早起き朝ごはんガイド（幼児用）」2012年
12) 渡部昇一『人間らしさの構造』講談社　1977年　p.60

【参考文献】
文部科学省・幼児期運動指針策定委員会「幼児期運動指針ガイドブック」2013年
柴田卓「運動遊びにおける保育実践力に関する研究～フィンランドの事例と体育系授業の実践から～」『郡山女子大学紀要第53集』2017年
文部科学省教育課程部会幼児教育部会（第10回）配付資料　2016年
http://www.mext.go.jp/b_menu/shingi/chukyo/chukyo3/057/siryo/1379060.htm
文部科学省　国立教育政策研究所　教育課程研究センター『スタートカリキュラムの編成の仕方・進め方が分かる～学びの芽生えから自覚的な学びへ～スタートブック』2016年
文部科学省「平成26年度幼児教育実態調査」2015年
NPO日本標準教育研究所『幼・保・小連携ハンドブック』日本標準　2009年
文部科学省「小学校学習指導要領　第1章 総則 第1 教育課程編成の一般方針」

あとがき

　授業や研修を通した実践的学習を振り返り、自分自身の成長の記録となる「世界に1つだけの運動遊びブック」はできましたか。ページをめくるたびに、実際に経験しているからこそおもしろさや達成感、ときにその難しさを鮮明に思い出せることも多いのではないでしょうか。

　幼児教育の重要性については非認知的能力や幼児期における語彙数、多様な運動経験等がその後の学力や運動能力に大きな影響があることがいわれています。しかし一方で、子どもを取り巻く社会状況の変化から子どもの生活体験が不足し、自分の身体をコントロールし自分自身で身を守ることや周りの人とのコミュニケーションをとることの難しさをはじめ、物事に対する意欲や自尊感情の低下に関する情報も見られるようになりました。みなさんは保育現場で子ども達の現状や言動に、ハッとし、考えさせられたことはありませんか。子どもの生活経験や発達段階が一人一人異なることが見られやすい運動遊びであるからこそ、保育者には柔軟な対応や受け止め方が必要であり、絶えず振り返り、学び続ける姿勢が求められています。

　体を動かすことが好きな人は、あなたが知っている楽しさやおもしろさをより伝えられるように、苦手な人は挑戦に向けた緊張や上手くできない子ども達の想いをより共感してあげられることができるようになったことと思います。幼児期に育みたい資質や能力は、小学校以降で取り組むような教科教育ではなく、乳幼児期の遊びや生活を基本とした多様な運動経験の重要性を理解し、楽しみながら育むことが基礎となります。将来に向けて子どもの発達や学びの連続性を意識しながら、楽しみながら取り組むための工夫はこれからも多く見つけられるはずです。その度に、ぜひ本書に書き加えてみてください。

　子どもが主体的に運動遊びに取り組むには、乳幼児期に関わる保育者自身がそのモデルとしての重要な役割を果たします。本書をきっかけにうまくいくことだけでなく、うまくいかないことも大切に、遊び心をもって子どもや保護者、保育者等と「試行錯誤と感動の共有」をたくさん積み重ねていってくれることを期待しています。

2016年12月

編者　石森真由子

★編者紹介

柴田 卓（しばた すぐる）
郡山女子大学短期大学部幼児教育学科准教授

・メッセージ
　運動遊び指導を始めて間もない頃、計画通りに指導することばかり考え、物足りなさと違和感に悩む日々が続きました。上手くいかなくても楽しもうと思えた時から、不思議と運動遊びが心底楽しくなりました。ぜひ、子ども達と一緒に笑って楽しめる保育者になってくださいね。

石森真由子（いしもり まゆこ）
東北福祉大学准教授

・メッセージ
　運動遊びがキッカケとなって、「あなたと出会えて良かった！」と思ってもらえたら最高ですよね。本気で遊び込めるオトナを目指していきましょう。

楽しく学ぶ運動遊びのすすめ
―ポートフォリオを活用した保育実践力の探求―

2017年5月5日　初版第1刷発行
2023年5月10日　初版第3刷発行

編　集	柴田　卓 石森　真由子
発行者	竹鼻　均之
発行所	株式会社みらい 〒500-8137　岐阜市東興町40　第5澤田ビル TEL 058-247-1227(代)　FAX 058-247-1218 https://www.mirai-inc.jp/
印刷・製本	サンメッセ株式会社

ISBN 978-4-86015-411-0　C3037
Printed in Japan　　　乱丁本・落丁本はお取り替え致します。